不平衡是普遍的，要在发展中促进相对平衡。这是区域协调发展的辩证法。

——习近平

商务印书馆（成都）有限责任公司出品

大战略

新时代区域协调发展之路

刘贵军　编著

商务印书馆
创于1897　The Commercial Press

前　言

"千钧将一羽，轻重在平衡。"中国人口之众多，幅员之辽阔，东西南北中各区域情况之复杂，发展禀赋差距之明显，在世界上是罕见的。正因为如此，更凸显出做好区域发展规划的战略意义。从20世纪50年代的正确处理沿海与内地的关系，到改革开放初期的让沿海地区率先发展起来，到世纪之交的西部大开发，再到新世纪头一个十年的东北老工业基地振兴、推动中部地区崛起，我国的区域发展总体战略格局不断完善。

党的十八大以来，以习近平同志为核心的党中央把实施区域协调发展战略作为新时代国家重大战略之一，着眼全国一盘棋，不断优化国土空间布局，与时俱进、科学决策，就区域协调发展作出一系列重要论述、采取一系列重大创新性举措，深刻回答了新时代促进区域协调发展的重大理论和实践问题，为促进区域协调发展向更高水平和更高质量迈进指明了努力方向，提供了重要遵循，推动我国区域协调发展呈现新气象、新格局。新时代相继推出的一个个国家重大战略，打通了区域协调发展经络，促进了各大区域板块良性互动，为我国经济高质量发展注入了强劲动能。

匠心独运丹青手，万里山河起宏图。党的十八大以来，习近平总书记从顶层设计统筹区域协调发展，在区域层面谋划高质量发展，足迹遍布大江南北，亲自谋划、亲自部署、亲自推动京津冀协同发展、长江经济带发展、粤港澳大湾区建设、长三角一体化发展、黄河流域生态保护和高质量发展、海南全面深化改革开放等一系列区域重大战略，就推动西部大开发形成新格局、推动东北振兴取得新突破、推动中部地区高质量发展、鼓励东部地区加快推进现代化、促进欠发达地区加快发展等作出新部署，不断推动形成优势互补、高质量发展的区域经济布局，形成了国土空间布局更加优化，东西南北中纵横联动，主体功能明显、优势互补的区域协调发展新格局。

本书旨在跟随习近平总书记考察调研的足迹，重温总书记关于促进区域协调发展的重要论述，充分展现总书记高瞻远瞩的战略擘画和深邃思考，充分反映相关地区广大干部群众深入贯彻落实总书记重要指示精神和党中央决策部署、奋力推进区域协调发展的生动实践和显著成效，力求研究阐释好新时代区域协调发展的新理念、新思想、新战略，以充分展示我国区域协调发展的广阔空间和光明前景。

本书重在对新时代区域协调发展的路径、历程和成就作一系统梳理、阐释和总结。第一章是总论，重在叙述新时代区域协调发展的总体脉络。第二至七章是本书的主体，对京津冀协同发展、长江经济带发展、粤港澳大湾区建设、长三角一体化发展、黄河流域生态保护和高质量发展、海南全面深化改革开放这六大战略分别展开，梳理分析这些重大战略提出的背景、过程和内容，研究阐释各个战略部署所体现的重要区域发展思想。第八、九章分别就新时代深入推进东中西和东北"四大板块"协调发展、促进欠发达地区加快发展等作出的新部署作简明扼要、有重点的叙述，以展现新时代形成的全国一盘棋的区域协调发展新格局。第十章力求把新时代区域协调发展取得的重大成就和好经验好做法总结好、阐释好，得出有一定理论和实践意义的启示。本书的叙述多侧重实证和案例，力求既有理论深度，又通俗易懂。

茫茫九脉流中国，纵横当有凌云笔。如今，在广袤的神州大地上，发展空间在战略谋划中不断延伸，发展势头在协同联动中持续巩固，一个个增长点、增长极、增长带拔节而上、积厚成势，为经济发展注入不竭动力，呈现由不平衡向日趋平衡、由不协调向日益协调转变的良好态势，不断写就区域协调发展一盘棋这篇大文章！

目录

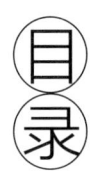

第一章　新时代区域协调发展的布局之变

促进区域协调发展任重而道远……………………………… 3
开创区域协调发展新局面…………………………………… 5
提出区域协调发展战略……………………………………… 9
新形势下促进区域协调发展总思路………………………… 13
构建高质量发展的国土空间布局和支撑体系……………… 17

第二章　加快推动京津冀协同发展

解决"大城市病"问题……………………………………… 23
制定《京津冀协同发展规划纲要》………………………… 28
集中建设雄安新区和北京城市副中心……………………… 31
保持历史耐心和战略定力…………………………………… 38

第三章　全面推动长江经济带发展

长江病了，而且病得还不轻………………………………… 47
共抓大保护，不搞大开发…………………………………… 49
使长江经济带成为引领我国经济高质量发展的生力军…… 56
确保一江清水绵延后世、惠泽人民………………………… 64

第四章　积极稳妥推进粤港澳大湾区建设

　　支持港澳融入国家发展大局 …………………………… 73
　　大力推进基础设施互联互通 …………………………… 80
　　扎实推进重大合作平台建设 …………………………… 86

第五章　提升长三角一体化发展水平

　　长三角一体化上升为国家战略 ………………………… 97
　　出台《长江三角洲区域一体化发展规划纲要》……… 100
　　召开扎实推进长三角一体化发展座谈会 ……………… 104
　　紧扣"一体化"和"高质量"两个关键词 …………… 112

第六章　扎实推进黄河流域生态保护和高质量发展

　　事关中华民族伟大复兴和永续发展的千秋大计 ……… 119
　　加强黄河流域重点区域生态环境保护 ………………… 123
　　黄河流域生态保护和高质量发展座谈会 ……………… 127
　　编制《黄河流域生态保护和高质量发展规划纲要》… 131
　　深入推动黄河流域生态保护和高质量发展座谈会 …… 134

第七章　推动海南全面深化改革开放

　　以国际旅游岛建设为总抓手 …………………………… 143
　　形成更高层次改革开放新格局 ………………………… 149
　　加快建设具有世界影响力的中国特色自由贸易港 …… 156

第八章　深入推进"四大板块"协调发展

　　强化举措推进西部大开发形成新格局……………………163
　　推动东北全面振兴取得新突破………………………………172
　　推动中部地区高质量发展……………………………………184
　　鼓励东部地区加快推进现代化………………………………194

第九章　促进欠发达地区加快发展

　　形成促进革命老区加快发展的强大合力……………………205
　　决不让一个民族地区落伍……………………………………212
　　更好服务边疆地区高质量发展………………………………216
　　让贫困地区同步全面建成小康社会…………………………222

第十章　推动形成优势互补高质量发展的区域经济布局

　　推动区域协调发展的重大意义………………………………232
　　大力推动区域发展重大战略实施……………………………235
　　深入实施区域协调发展总体战略……………………………240
　　健全区域协调发展体制机制…………………………………245
　　推动区域协调发展需要把握的原则…………………………248

主要参考文献……………………………………………………253

第一章
新时代区域协调发展的布局之变

——以区域大战略谋协调发展新优势

我国经济由高速增长阶段转向高质量发展阶段，对区域协调发展提出了新的要求。不能简单要求各地区在经济发展上达到同一水平，而是要根据各地区的条件，走合理分工、优化发展的路子。要形成几个能够带动全国高质量发展的新动力源，特别是京津冀、长三角、珠三角三大地区，以及一些重要城市群。不平衡是普遍的，要在发展中促进相对平衡。这是区域协调发展的辩证法。

——习近平

既"谋全局"也"谋一域",向来是大国治理的重要课题。中国是一个大国,地域辽阔、人口众多,各地区自然条件、资源禀赋、经济基础、社会人文差异很大,区域经济社会发展不平衡是基本国情。因此,协调区域发展是现代化进程中必须面对的重大课题。从过去、现在和将来任何一个时期看,统筹区域发展都是一个重大问题。

促进区域协调发展任重而道远

新中国成立以来,区域发展战略大致经历了以下几个阶段:

新中国成立后,我国生产力布局经历过几次重大调整。"一五"时期,苏联援建的156项重点工程,有70%以上布局在北方,其中东北占了54项。1956年,毛泽东在《论十大关系》中提出正确处理沿海工业与内地工业的关系。20世纪60年代初期,中共中央和毛泽东提出从战备需要出发,根据战略位置的不同,将我国各地区分为一、二、三线,以实现均衡发展。随后,开展了大规模的"三线"建设。这一时期,全国范围内建立起若干大工业基地、大城市集聚区以及经济协作区,它们后来成为各区域的经济增长极、特大城市以及高等教育、科技研发基地等。

改革开放后,党中央提出让沿海地区率先发展起来,进而带动内地发展,"使整个国民经济不断地波浪式地向前发展"。我国的这一发展战略与改革开放政策相辅相成,实施设立经济特区、开放沿海城市等一系列重大举措,突出东部沿海地带的经济发展,选择东部地区进行改革试点,在财政、税收、信贷、投资等政策上对东部倾斜。自

20世纪80年代到21世纪初，国家批准的5个经济特区、14个沿海对外开放城市，17个经济技术开发区，全部集中在东部地区。国家赋予这些地区较大的自主权，向东部地区倾斜的区域经济发展政策，极大地发挥了东部地区的优势和潜力，实现了东部经济的高速发展，为全国的经济发展奠定了重要基础。

20世纪90年代中后期以来，党中央在继续鼓励东部地区率先发展的同时，相继作出实施西部大开发、振兴东北地区等老工业基地、促进中部地区崛起等重大战略决策。这四大子战略构成了我国区域发展总体战略，覆盖我国大陆全部国土，是全局性战略，既能平衡区域关系，又能有针对性地解决不同区域的不同发展问题，有力推动了区域协调发展。全面实施这一总体战略，有利于中西部地区加快工业化、城镇化步伐，实现赶超发展；有利于东北地区等老工业基地焕发新生机、走向新繁荣；有利于沿海发达地区率先实现发展转型，带动其他地区走上可持续发展新轨道。

经过长期不懈的努力，我国区域发展的协调性有了明显增强，经济社会发展取得显著成就，但由于自然、社会、历史等原因，区域发展不平衡不充分问题依然比较突出，促进区域协调发展任重而道远。

区域发展不平衡会导致一系列矛盾和问题，影响经济发展和社会稳定大局。所以必须牢固树立不断促进区域协调发展的思想，把缩小地区差距作为一项需要持续推进的重大任务，着力解决区域发展中存在的突出问题，推动落后地区加快发展，促进关键领域"填平补齐"；积极探索抑制地区差距扩大、解决区域发展不平衡的制度举措，通过市场和政府的有机协同，形成动态促进区域协调发展的体制机制。

开创区域协调发展新局面

2012年11月,党的十八大召开。大会对区域协调发展作了新的阐述和部署,提出要继续实施区域发展总体战略,充分发挥各地区比较优势,优先推进西部大开发,全面振兴东北地区等老工业基地,大力促进中部地区崛起,积极支持东部地区率先发展;采取对口支援等多种形式,加大对革命老区、民族地区、边疆地区、贫困地区扶持力度;创新开放模式,促进沿海内陆沿边开放优势互补,形成引领国际经济合作和竞争的开放区域,培育带动区域发展的开放高地;统筹双边、多边、区域次区域开放合作,加快实施自由贸易区战略。一盘风云激荡的大棋局在中国大地次第铺开。

新时代需要新思维,新形势呼唤新布局。进入新时代,协调发展、协同发展、共同发展,是"国之大者"的题中应有之义,也是中国进入新发展阶段、构建新发展格局的历史必然。以习近平同志为核心的党中央高瞻远瞩、统揽全局,准确把握国内外大势特别是我国发展阶段变化和全面深化改革开放新形势,丰富完善了区域发展理念、战略和政策体系,通过部署实施区域协调发展战略,推进实施区域重大战略,使经济布局持续优化,区域发展协调性不断增强。习近平总书记指出:"要培育和发挥区域比较优势,加强区域优势互补,塑造区域协调发展新格局。"[①] 这为推动构建新时代区域经济布局提供了根本

---

① 《"五位一体"谱华章——关于中国特色社会主义事业总体布局》,《人民日报》2021年8月26日。

遵循。

党的十八大以来，习近平总书记多次就优化经济发展空间格局、促进各地区协调发展作出重要部署，精心谋划、扎实推动区域协调发展战略向着更加均衡、更高层次、更高质量方向迈进。党的十八大召开后不久，以习近平同志为核心的党中央审时度势，率先提出京津冀协同发展和长江经济带发展两大战略，着眼于实现一体联动和重点突破相统一，促进区域协调发展。

京津冀是我国经济最具活力、开放程度最高、创新能力最强、吸纳人口最多的区域之一，但同珠江三角洲和长江三角洲相比，统一要素市场建设相对滞后，市场化水平较低，尤其是北京"大城市病"突出而周边中小城市过于"瘦弱"。京津冀协同发展战略，旨在通过有序疏解北京非首都功能、优化空间格局和功能定位等，实现三地错位发展；通过一体化发展，实现三地优势互补、互利共赢、区域一体，建设以首都为核心的世界级城市群。2013年8月，习近平总书记在北戴河主持研究河北发展问题时提出推动京津冀协同发展，给破解京津冀地区发展长期积累的深层次矛盾问题指明方向。2014年2月，习近平总书记专题听取京津冀协同发展工作汇报，明确指出京津冀协同发展是一个重大国家战略。

根据《京津冀协同发展规划纲要》，京津冀协同发展战略是要通过有序疏解北京非首都功能，调整经济结构和空间结构，走出一条内涵集约发展的新路子，探索出一种人口经济密集地区优化开发的模式，促进区域协调发展，形成新增长极。抓住疏解北京非首都功能这个"牛鼻子"，2016年，党中央研究部署建设北京城市副中心和河北雄安新区两个新城，形成北京新的两翼。在实践中，交通一体化、生态环境保护、产业升级转移等重点领域率先取得突破，京津冀协同发展朝着优势互补、良性互动的方向迈进。

长江经济带覆盖我国11省市，横跨东中西三大区域，是我国人口、经济、产业最为密集的经济轴带。长江经济带发展战略，旨在通过建设沿江绿色生态走廊、构建高质量的综合立体交通走廊、优化沿江城镇和产业布局，实现长江上中下游协同发展和东中西部互动合作。2016年1月，习近平总书记在重庆召开推动长江经济带发展座谈会时强调，推动长江经济带发展必须从中华民族长远利益考虑，走生态优先、绿色发展之路，要在相当长一个时期里把修复长江生态环境摆在压倒性位置，共抓大保护，不搞大开发。5月，《长江经济带发展规划纲要》正式印发。在该纲要指导下，沿江各省市相继编制实施规划，建立起新时代推动长江经济带发展的政策体系。经过持续保护和合理开发，长江经济带在实现生态文明和经济发展双赢的道路上稳步前进，经济社会保持稳定发展势头。

根据生态优先、绿色发展的战略定位，推动长江经济带发展的各项工作进展顺利。国家相继出台了指导意见和总体规划，明确了发展的方向、目标和重点。以此为基础，制定了重点领域的专项规划和实施方案，形成了系统的规划政策体系。生态环境保护专项行动、重点工程建设和制度建设全面展开，"共抓大保护"取得积极成效。以畅通黄金水道为依托推进综合立体交通走廊建设，一批重点工程陆续开工。依托重要试验平台，大力推进产业转型升级和新型城镇化建设，进一步培育形成一批带动区域协同发展的增长极。

京津冀协同发展战略和长江经济带发展战略有一个共同特点，就是跨越行政区划、促进区域协调发展。2014年12月，习近平总书记在中央经济工作会议上指出："今后，区域政策的一个要点是统一国内大市场，这既是区域政策要解决的问题，也是财税体制改革的重要任务。要通过改革创新打破地区封锁和利益藩篱，全面提高资源配置效率。"①

2015年10月，党的十八届五中全会提出了创新、协调、绿色、开放、共享的新发展理念。协调发展注重解决发展不平衡问题，既是治国理政的基本发展理念之一，又是推进各项工作的一个具体要求。其中，促进区域协调发展是坚持协调发展的一项核心内容。全会强调，推动区域协调发展，塑造要素有序自由流动、主体功能约束有效、基本公共服务均等、资源环境可承载的区域协调发展新格局。为此，要站在全局高度认识促进区域协调发展的极端重要性。贯彻落实协调发展理念，既要求在宏观和战略层面正确处理发展中的重大关系，不断增强发展的整体性、协调性，在协调发展中拓展发展空间；又要求在微观和战术层面统筹兼顾，着力补齐发展短板、克服瓶颈制约，在加强薄弱领域中增强发展后劲。

2016年3月，十二届全国人大四次会议审议通过的"十三五"规划纲要，根据经济发展新常态下国民经济发展的新要求，丰富了区域协调发展战略的内涵，增强了区域协调发展政策措施的可操作性，提高了区域发展各项战略及其与新型城镇化等战略的协同性。全面落实"十三五"时期区域协调发展的战略部署，开创区域协调发展新局

---

① 《习近平谈治国理政》第二卷，外文出版社2017年版，第236页。

面,必须深刻认识推动区域协调发展的重大意义,协同实施国家各项区域发展战略和政策,建立健全保障区域协调发展的体制机制。

2017年春,党中央、国务院决定设立河北雄安新区,将河北省雄县、容城、安新三个县及周边部分区域纳入新区规划范围。建设雄安新区,是千年大计、国家大事,是深入推进京津冀协同发展的重大战略部署。这是继深圳经济特区和上海浦东新区之后又一具有全国意义的新区。以规划建设河北雄安新区为重要突破口,旨在探索人口经济密集地区优化开发的新模式,谋求区域发展的新路子,打造经济社会发展新的增长极。

2017年7月1日,在习近平总书记亲自见证下,《深化粤港澳合作 推进大湾区建设框架协议》由国家发展改革委和粤港澳三地政府在香港签署,标志着粤港澳大湾区建设正式启动。

提出区域协调发展战略

2017年10月,党的十九大召开。大会正式提出区域协调发展战略,并将其与科教兴国战略、人才强国战略、创新驱动发展战略、乡村振兴战略、可持续发展战略、军民融合发展战略一起,作为国家七大发展战略,这客观上意味着我国进入了实施区域协调发展战略的新阶段。十九大报告指出,加大力度支持革命老区、民族地区、边疆地区、贫困地区加快发展,强化举措推进西部大开发形成新格局,深化改革加快东北等老工业基地振兴,发挥优势推动中部地区崛起,创新引领率先实现东部地区优化发展,建立更加有效的区域协调发展新机制。十九大报告还特别指出,以疏解北京非首都功能为"牛鼻子"推动京津冀协同发展,高起点规划、高标准建设雄安新区;以共抓大保护、不搞大开发为导向推动长江经济带发展;支持资源型地区经济转型发展;加快边疆发展,确保边疆巩固、边境安全;坚持陆海统筹,加快建设海洋强国。

党的十九大明确宣告,我国经济由高速增长阶段转向高质量发展阶段。这对区域协调发展提出了新的要求,要求根据各地区的条件,走合理分工、优化发展的路子,落实主体功能区战略,完善空间治理,形成优势互补、高质量发展的区域经济布局。

2018年4月,习近平总书记在庆祝海南建省办经济特区30周年大会上郑重宣布,党中央决定支持海南全岛建设自由贸易试验区,支持海南逐步探索、稳步推进中国特色自由贸易港建设,分步骤、分阶段建立自由贸易港政策和制度体系。这是党中央着眼于国际国内发展大局,深入研究、统筹考虑、科学谋划作出的重大决策,是彰显我国扩大对外开放、积极推动经济全球化决心的重大举措,也是推动我国区域发展的重大战略。

党的十九大之后,习近平总书记一如既往心系长江经济带发展。2018年4月和2020年11月,他分别在武汉、南京,主持召开深入推动长江经济带发展座谈会、全面推动长江经济带发展座谈会并发表重要讲话,绘就了长江经济带发展的宏伟蓝图。长江经济带发展这一国家重大区域发展战略的顶层规划一天天清晰起来,各项要求一步步得到落实推进。

2018年9月,中央全面深化改革委员会第四次会议审议通过《关于建立更加有效的区域协调发展新机制的意见》①。11月，国务院印发施行。建立更加有效的区域协调发展新机制，要求立足发挥各地区比较优势和缩小区域发展差距，围绕努力实现基本公共服务均等化、基础设施通达程度比较均衡、人民基本生活保障水平大体相当的目标，深化改革开放，坚决破除地区之间的利益藩篱和政策壁垒，加快形成统筹有力、竞争有序、绿色协调、共享共赢的区域发展新机制。该意见有力指引了各地区的协调发展。

2018年国庆节前夕，习近平总书记用四天时间，行程两千公里，把脉问诊东北地区，并给东北干部群众打气："东北振兴到了滚石上山、爬坡过坎的关键节点，必须解决好精神状态问题。越是困难，越

---

① 该意见为建立更加有效的区域协调发展新机制设定了明确的总体目标：到2020年，建立与全面建成小康社会相适应的区域协调发展新机制，在建立区域战略统筹机制、基本公共服务均等化机制、区域政策调控机制、区域发展保障机制等方面取得突破，在完善市场一体化发展机制、深化区域合作机制、优化区域互助机制、健全区际利益补偿机制等方面取得新进展，区域协调发展新机制在有效遏制区域分化、规范区域开发秩序、推动区域一体化发展中发挥积极作用；到2035年，建立与基本实现现代化相适应的区域协调发展新机制，实现区域政策与财政、货币等政策有效协调配合，区域协调发展新机制在显著缩小区域发展差距和实现基本公共服务均等化、基础设施通达程度比较均衡、人民基本生活保障水平大体相当中发挥重要作用，为建设现代化经济体系和满足人民日益增长的美好生活需要提供重要支撑；到21世纪中叶，建立与全面建成社会主义现代化强国相适应的区域协调发展新机制，区域协调发展新机制在完善区域治理体系、提升区域治理能力、实现全体人民共同富裕等方面更加有效，为把我国建成社会主义现代化强国提供有力保障。

需要'真把式',要真抓实干。"①他在沈阳主持召开深入推进东北振兴座谈会、强调要深入推进东北振兴要与京津冀协同发展、长江经济带发展、粤港澳大湾区建设等国家重大战略的对接和交流合作,使南北互动起来。

2018年11月,习近平总书记在首届中国国际进口博览会开幕式上宣布,支持长江三角洲区域一体化发展并上升为国家战略,着力落实新发展理念,构建现代化经济体系,推进更高起点的深化改革和更高层次的对外开放。

2019年5月,中共中央、国务院印发《长江三角洲区域一体化发展规划纲要》,强调推动长三角一体化发展,增强长三角地区创新能力和竞争力,提高经济集聚度、区域连接性和政策协同效率,对引领全国高质量发展、建设现代化经济体系意义重大。

同月,推动中部地区崛起工作座谈会在江西南昌召开。会上,习近平总书记强调:"人民日益增长的美好生活需要和不平衡不充分的发展之间的矛盾成为我国社会主要矛盾。不平衡,就要努力去解决,止于至善。""中部地区这个'脊梁'要更硬一点,'补补钙',发挥更大的支撑作用。"②

---

① 张晓松、杜尚泽:《奋力书写东北振兴的时代新篇——习近平总书记调研东北三省并主持召开深入推进东北振兴座谈会纪实》,《人民日报》2018年9月30日。

② 陆娅楠等:《形成优势互补、高质量发展的区域经济布局——以习近平同志为核心的党中央推进区域协调发展述评》,《人民日报》2021年11月5日。

新形势下促进区域协调发展总思路

2019年8月，习近平总书记在中央财经委员会第五次会议上强调，党的十八大以来，我国区域发展形势是好的，同时出现了一些值得关注的新情况新问题。

一是区域经济发展分化态势明显。长三角、珠三角等地区已初步走上高质量发展轨道，一些北方省份增长放缓，全国经济重心进一步南移。2018年，北方地区经济总量占全国的比重为38.5%，比2012年下降4.3个百分点。各板块内部也出现明显分化，有的省份内部也有分化现象。

二是发展动力极化现象日益突出。经济和人口向大城市及城市群集聚的趋势比较明显。北京、上海、广州、深圳等特大城市发展优势不断增强，杭州、南京、武汉、郑州、成都、西安等大城市发展势头较好，形成推动高质量发展的区域增长极。

三是部分区域发展面临较大困难。东北地区、西北地区发展相对滞后。2012年至2018年，东北地区经济总量占全国的比重从8.7%下降到6.2%，常住人口减少137万，多数是年轻人和科技人才。一些城市特别是资源枯竭型城市、传统工矿区城市发展活力不足。

从外部环境看，保护主义上升、世界经济低迷、全球市场萎缩，情况更加严峻复杂。总的来看，我国经济发展的空间结构正在发生深刻变化，中心城市和城市群正在成为承载发展要素的主要空间形式。

正是在这样的时代背景下，习近平总书记高瞻远瞩、深谋远虑，在会上强调，"我们必须适应新形势，谋划区域协调发展新思路"，

"要面向第二个百年目标，作些战略性考虑"。习近平总书记指出："不能简单要求各地区在经济发展上达到同一水平，而是要根据各地区的条件，走合理分工、优化发展的路子。要形成几个能够带动全国高质量发展的新动力源，特别是京津冀、长三角、珠三角三大地区，以及一些重要城市群。不平衡是普遍的，要在发展中促进相对平衡。这是区域协调发展的辩证法。"①

正是在这次会议上，习近平总书记提出了新形势下促进区域协调发展总的思路，即按照客观经济规律调整完善区域政策体系，发挥各地区比较优势，促进各类要素合理流动和高效集聚，增强创新发展动力，加快构建高质量发展的动力系统，增强中心城市和城市群等经济发展优势区域的经济和人口承载能力，增强其他地区在保障粮食安全、生态安全、边疆安全等方面的功能，形成优势互补、高质量发展的区域经济布局。这是对时代命题的深邃思考，是对经济规律的深刻把握，是对未来发展的深远谋划，展现了大党大国领袖高超的政治智慧、宽广的战略眼光和强烈的历史担当。

与长江并称为中华民族母亲河的黄河，横跨九省区，全长 5464 公里，所在流域是我国重要的生态安全屏障，也是人口活动和经济发展的重要区域。怎样协调上中下游不同城市的发展诉求？如何统筹生态保护、经济发展与文化传承？2019 年 9 月，习近平总书记在郑州主持召开黄河流域生态保护和高质量发展座谈会时强调，黄河流域生

---

① 习近平：《推动形成优势互补高质量发展的区域经济布局》，《求是》2019 年第 24 期。

态保护和高质量发展，同京津冀协同发展、长江经济带发展、粤港澳大湾区建设、长三角一体化发展一样，是重大国家战略。2020年10月，中共中央、国务院印发《黄河流域生态保护和高质量发展规划纲要》，作出系统谋划，成为指导当前和今后一个时期黄河流域生态保护和高质量发展的纲领性文件。

2019年这一年，区域协调发展新机制加快构建。支持西部大开发、东北振兴、中部崛起、东部率先的政策体系更加完善。京津冀协同发展有力有序推进，雄安新区转入施工建设阶段。长江经济带生态环境突出问题整改和生态环境污染治理成效显著。粤港澳大湾区建设规划政策体系进一步完善。《长江三角洲区域一体化发展规划纲要》印发实施，生态绿色一体化发展示范区启动建设。黄河流域生态保护和高质量发展规划纲要启动编制。老少边贫等特殊类型地区加快振兴发展，对口支援有力推进。海洋经济发展示范区建设全面启动。

这年年底召开的中央经济工作会议进一步指出，要加快落实区域发展战略，完善区域政策和空间布局，发挥各地比较优势，构建全国高质量发展的新动力源，推进京津冀协同发展、长三角一体化发展、粤港澳大湾区建设，打造世界级创新平台和增长极。

2020年8月，习近平总书记在安徽合肥主持召开扎实推进长三角一体化发展座谈会。他在会上要求，实施长三角一体化发展战略要紧扣一体化和高质量两个关键词，以一体化的思路和举措打破行政壁垒、提高政策协同，让要素在更大范围畅通流动，有利于发挥各地区比较优势，实现更合理分工，凝聚更强大的合力，促进高质量发展。随后，长三角一体化发展扎实推进，重大平台建设和跨区域合作不断推进，协同创新网络体系积极构建，生态环境共保联治持续深化，提升了基础设施互联互通水平，加快了公共服务的便利共享。

10月，习近平总书记在深圳经济特区建立40周年庆祝大会上发表重要讲话，强调要抓住粤港澳大湾区建设重大历史机遇，推动三地经济运行的规则衔接、机制对接，加快粤港澳大湾区城际铁路建设，促进人员、货物等各类要素高效便捷流动，提升市场一体化水平。在习近平总书记重要讲话指引下，粤港澳大湾区建设稳步推进，科技创新和产业协同力度加大，重大合作平台建设深入推进，实施粤港澳大湾区城际铁路建设规划，基础设施和规则机制互联互通取得新进展，《深圳建设中国特色社会主义先行示范区综合改革试点实施方案（2020—2025年）》出台实施。

2020年这一年，其他区域重大战略也在深入实施。纵深推进京津冀协同发展，积极稳妥疏解北京非首都功能，高标准高质量推进雄安新区规划建设，加快北京城市副中心建设，持续实施协同发展重大项目，加大京津冀地区城际铁路规划建设力度。扎实推进长江经济带生态环境系统性保护修复，大力实施城镇污水垃圾、化工污染、农业面源污染、船舶污染以及尾矿库治理的"4+1"工程，长江流域重点水域"十年禁渔"全面启动，深入开展绿色发展试点示范，《长江保护法》正式出台。《黄河流域生态保护和高质量发展规划纲要》印发实施。

聚焦如何健全区域协调发展新机制，"十三五"的五年间，从《京津冀协同发展规划纲要》到《粤港澳大湾区发展规划纲要》《长江三角洲区域一体化发展规划纲要》，从《长江经济带发展规划纲要》到《黄河流域生态保护和高质量发展规划纲要》，从《关于全面振兴东北地区等老工业基地的若干意见》到《关于新时代推进西部大开发形成新格局的指导意见》《关于新时代推动中部地区高质量发展的指导意见》，逐步搭建起区域协调发展新机制的"四梁八柱"。在区域协调发展新机制的驱动下，京津冀、粤港澳大湾区、长三角等引领作用不断凸显，中西部地区经济增速持续高于东部地区，区域协调发展战略布局不断优化，引领经济高质量发展的动力源作用更为突出。

构建高质量发展的国土空间布局和支撑体系

2020年10月29日，党的十九届五中全会通过关于制定"十四五"规划和2035年远景目标的建议。建议提出，坚持实施区域重大战略、区域协调发展战略、主体功能区战略，健全区域协调发展体制机制，完善新型城镇化战略，构建高质量发展的国土空间布局和支撑体系。这为"十四五"时期我国区域协调发展指明了方向，提出了要求。全会强调，推动西部大开发形成新格局，推动东北振兴取得新突破，促进中部地区加快崛起，鼓励东部地区加快推进现代化；支持革命老区、民族地区加快发展，加强边疆地区建设，推进兴边富民、稳边固边；推进京津冀协同发展、长江经济带发展、粤港澳大湾区建设、长三角一体化发展，打造创新平台和新增长极，推动黄河流域生态保护和高质量发展，高标准、高质量建设雄安新区，坚持陆海统筹，发展海洋经济，建设海洋强国；健全区域战略统筹、市场一体化发展、区域合作互助、区际利益补偿等机制，更好促进发达地区和欠发达地区、东中西部和东北地区共同发展；完善转移支付制度，加大对欠发达地区财力支持,逐步实现基本公共服务均等化。

2021年6月,中共中央、国务院发布《关于支持浙江高质量发展建设共同富裕示范区的意见》。这是以习近平同志为核心的党中央把促进全体人民共同富裕摆在更加重要位置作出的一项重大决策,充分体现了党中央对解决我国发展不平衡不充分问题的坚定决心。

7月,中共中央、国务院发布《关于支持浦东新区高水平改革开放打造社会主义现代化建设引领区的意见》,赋予浦东新区改革开放新的重大任务。

9月,《横琴粤澳深度合作区建设总体方案》《全面深化前海深港现代服务业合作区改革开放方案》公开发布,就支持横琴粤澳深度合作区发展、推动前海合作区全面深化改革开放作出重要部署。

2021年这一年,《海南自由贸易港跨境服务贸易特别管理措施(负面清单)(2021年版)》《关于推进自由贸易试验区贸易投资便利化改革创新的若干措施》等一系列政策文件出台实施。党的十八大以来,我国先后部署设立21个自由贸易试验区,形成覆盖东西南北中的试点格局,推出一大批高水平制度创新成果,建成一批世界领先的产业集群。

2022年10月,党的二十大胜利召开。大会报告指出,要深入实施区域协调发展战略、区域重大战略、主体功能区战略、新型城镇化战略,优化重大生产力布局,构建优势互补、高质量发展的区域经济布局和国土空间体系。这是以习近平同志为核心的党中央立足全面建设社会主义现代化国家新征程,对新发展阶段区域发展和空间治理作出的重大部署,为今后一个时期推动区域协调发展、完善空间治理指明了前进方向、提供了根本遵循。

党的十八大以来实施的这些大战略、大政策、大举措是以习近平同志为核心的党中央根据国内外发展形势和区域经济发展新变化作出的战略新布局，引领我国区域发展取得历史性成就、发生历史性变革。它们的侧重点在于通过加强区域之间的合作打破行政壁垒，在更大的空间范围内解决区域经济发展过程中出现的问题，形成区域经济发展的合力和新动力。

实施区域协调发展战略，是习近平新时代中国特色社会主义思想和基本方略的重要组成部分，是贯彻新发展理念、建设现代化经济体系的重要内容，是新时代推动我国区域发展的总体战略部署。区域协调发展战略的贯彻落实，必然将为国民经济持续健康发展、全面建设社会主义现代化国家新征程作出贡献。

如今，一幅幅崭新的区域经济布局画卷正在华夏大地徐徐铺展。一个个国家重大战略加速实施，逐步打通区域协调发展的"经络"，各大区域板块发挥比较优势、良性互动，为推动经济高质量发展不断注入新活力。这是建设现代化经济体系、实现区域协调发展的现实答卷，是适应发展新形势、向世界展现"中国之治"显著优势的生动写照。在高质量发展之路上，我国的区域发展必将越来越协调、平衡，越来越充满生机活力。

第二章
加快推动京津冀协同发展

——探索出一种人口经济密集地区优化开发的模式

北京、天津、河北人口加起来有一亿多，土地面积有二十一万六千平方公里，京津冀同属京畿重地，地缘相接、人缘相亲，地域一体、文化一脉，历史渊源深厚、交往半径相宜，完全能够相互融合、协同发展。实现京津冀协同发展、创新驱动，是面向未来打造新的首都经济圈、推进区域发展体制机制创新的需要，是探索完善城市群布局和形态、为优化开发区域发展提供示范和样板的需要，是探索生态文明建设有效路径、促进人口经济资源环境相协调的需要，是实现京津冀优势互补、促进环渤海经济区发展、带动北方腹地发展的需要。做好这项工作意义重大。

——习近平

京津冀协同发展，是以习近平同志为核心的党中央在新的历史条件下作出的重大决策部署，是习近平总书记亲自谋划、亲自决策、亲自推动的重大国家战略，是区域发展总体战略的重要一环。战略的核心是发挥北京的牵头作用，有序疏解北京非首都功能，调整经济结构和空间结构，走出一条内涵集约发展的新路子，探索出一种人口经济密集地区优化开发的模式，促进区域协调发展，形成具有较强国际竞争力的世界级城市群和国家创新驱动高质量发展的新引擎。

解决"大城市病"问题

问题是时代的声音。京津冀地区同属京畿重地，战略地位十分重要，是我国经济最具活力、开放程度最高、创新能力最强、吸纳人口最多的地区之一，也是拉动我国经济发展的重要引擎。但多年来，京津冀地区发展面临诸多困难和问题：

首先，北京集聚过多的非首都功能，"大城市病"问题突出，人口过度膨胀，交通日益拥堵，大气污染严重，房价持续高涨，社会管理难度大，引发一系列经济社会问题，引起全社会广泛关注。

其次，京津冀地区水资源严重短缺，地下水严重超采，环境污染问题突出，已成为我国东部地区人与自然关系最为紧张、资源环境超载矛盾最为严重、生态联防联治要求最为迫切的区域。

最后，京津冀发展不协调、不平衡的矛盾也最为突出、最为复杂，解决难度最大。"北京吃不完，天津吃不饱，河北吃不着。"京津冀流传多年的这句话，折射了强大的"虹吸效应"下地区发展的不均衡、不协调的无奈。京津两极过于"肥胖",周边中小城市过于"瘦弱",特别是河北与京津两市发展水平差距较大,公共服务水平落差明显。

面对"成长的烦恼",突破口在哪?"着力点和出发点,就是动一动外科手术,疏解北京非首都功能,解决'大城市病'问题。"① 习近平总书记给京津冀发展的大思路定了调。从国家发展全局的高度去擘画和推动,跳出"一城一地"得失来思考发展路径,这无疑是史无前例的大手笔。

党的十八大以来,习近平总书记多次赴京津冀三省市调研,多次召开推动京津冀协同发展的重要会议,在京津冀协同发展的每一个重要阶段和关键环节都作出重要指示。追溯习近平总书记关于京津冀协同发展的思想脉络,能深刻感悟这一战略在党和国家工作大局中的意义和分量。

2013年,习近平总书记先后到天津、河北调研,强调要推动京津冀协同发展。5月,习近平总书记视察天津时,提出了"三个着力"的重要指示,即着力提高发展质量和效益、着力保障和改善民生、着力加强和改善党的领导,并要求加强京津合作,谱写新时期社会主义现代化"双城记"。8月,习近平总书记在北戴河主持研究河北发展问题时,在京津"双城记"的基础上,又加上河北,提出要推动京津冀协同发展。

在相当长一段时间里,集聚资源求增长,"强大的工业基地""经

---

① 杜尚泽、张晓松:《一项历史性工程——习近平总书记调研京津冀协同发展并主持召开座谈会纪实》,《人民日报》2019年1月20日。

济中心"一度是北京的自我期许。北京究竟该是什么？北京的功能在京津冀协同发展战略中究竟如何定位？习近平总书记多次强调，解决好北京发展问题，必须纳入京津冀和环渤海经济区的战略空间加以考量，以打通发展的大动脉，更有力地彰显北京优势，更广泛地激活北京要素资源，同时，天津、河北要实现更好发展也需要连同北京发展一起来考虑。

2014年2月25日至26日，习近平总书记到北京市考察工作，对事关首都长远发展的战略性、全局性问题作出重要指示，对推动京津冀协同发展作出战略部署，明确了北京是全国政治中心、文化中心、国际交往中心、科技创新中心的城市战略定位，提出了建设国际一流的和谐宜居之都的战略目标，在首都发展历史上具有里程碑意义。这是必将载入史册的一页。

2月25日，习近平总书记到北京市规划展览馆考察。他观看了介绍北京建城史、建都史和城市变化情况的专题片，认真了解北京地理环境、规划布局、功能定位、发展变化等情况。在考察过程中，习近平总书记详细询问百姓居住环境、空气质量、生活状况等。他提出的问题切中要害，立足当前，着眼长远。

如何使京津冀协同发展建立起科学长效的机制，真正实现一加一大于二、一加二大于三的效果？对此，习近平总书记牵挂于心，京津冀协同发展的构想在他心中也越来越清晰。他在对三地调研和思考的基础上，专门主持召开座谈会对京津冀协同发展进行研究和推动。

2月26日，习近平总书记主持召开座谈会，专题听取京津冀协同发展工作汇报，并发表重要讲话。他强调，实现京津冀协同发展，是面向未来打造新的首都经济圈、推进区域发展体制机制创新的需要，是探索完善城市群布局和形态、为优化开发区域发展提供示范和样板的需要，是探索生态文明建设有效路径、促进人口经济资源环境相协调的需要，是实现京津冀优势互补、促进环渤海经济区发展、带动北方腹地发展的需要，是一个重大国家战略，要坚持优势互补、互利共赢、扎实推进，加快走出一条科学持续的协同发展路子来。习近平总书记明确提出实现京津冀协同发展是一个重大国家战略，开启了京津冀大变革、大发展、大跨越的历史性一步。

习近平总书记在讲话中指出，推进京津冀协同发展，要立足各自比较优势、立足现代产业分工要求、立足区域优势互补原则、立足合作共赢理念，以京津冀城市群建设为载体、以优化区域分工和产业布局为重点、以资源要素空间统筹规划利用为主线、以构建长效体制机制为抓手，从广度和深度上加快发展。推进京津双城联动发展，要加快破解双城联动发展存在的体制机制障碍，按照优势互补、互利共赢、区域一体原则，以区域基础设施一体化和大气污染联防联控作为优先领域，以产业结构优化升级和实现创新驱动发展作为合作重点，把合作发展的功夫主要下在联动上，努力实现优势互补、良性互动、共赢发展。

习近平总书记就推进京津冀协同发展提出七点要求：

一是要着力加强顶层设计，抓紧编制首都经济圈一体化发展的相关规划，明确三地功能定位、产业分工、城市布局、设施配套、综合交通体系等重大问题，并从财政政策、投资政策、项目安排等方面形成具体措施。

二是要着力加大对协同发展的推动，自觉打破自家"一亩三分地"的思维定式，抱成团朝着顶层设计的目标一起做，充分发挥环渤海地区经济合作发展协调机制的作用。

三是要着力加快推进产业对接协作，理顺三地产业发展链条，形成区域间产业合理分布和上下游联动机制，对接产业规划，不搞同构性、同质化发展。

四是要着力调整优化城市布局和空间结构，促进城市分工协作，提高城市群一体化水平，提高其综合承载能力和内涵发展水平。

五是要着力扩大环境容量生态空间，加强生态环境保护合作，在已经启动大气污染防治协作机制的基础上，完善防护林建设、水资源保护、水环境治理、清洁能源使用等领域合作机制。

六是要着力构建现代化交通网络系统，把交通一体化作为先行领域，加快构建快速、便捷、高效、安全、大容量、低成本的互联互通综合交通网络。

七是要着力加快推进市场一体化进程，下决心破除限制资本、技术、产权、人才、劳动力等生产要素自由流动和优化配置的各种体制机制障碍，推动各种要素按照市场规律在区域内自由流动和优化配置。

习近平总书记的重要讲话，深刻阐述了推进京津冀协同发展的重大意义、总体思路和重点任务，为推进京津冀协同发展指明了前进方向，提供了根本遵循。他还强调，大家一定要增强推进京津冀协同发展的自觉性、主动性、创造性，增强通过全面深化改革形成新的体制机制的勇气，继续研究、明确思路、制定方案、加快推进。一个着眼中国未来发展大格局的战略谋划呼之欲出。

在2014年3月召开的十二届全国人大二次会议上，"加强环渤海及京津冀地区协同发展"写入政府工作报告。6月，党中央批准成立京津冀协同发展领导小组，加强对京津冀协同发展工作的统筹指导。同时，成立京津冀协同发展专家咨询委员会，对协同发展重大问题开展研究，提出咨询意见和建议。

2014年6月18日，京津冀协同发展领导小组召开第一次会议。会议提出，对看准的事情要先做起来，对符合目标导向、现实急需、具备条件的领域要先行启动，对一些带动性、互补性、融合性强的重大项目要抓紧实施，争取早起作用、早见实效，并要求在交通、生态环保、产业三个重点领域集中力量推进，力争率先取得突破。七八月间，京津冀之间签署了18项协议，三地成立推进协同发展机构，三地协同发展取得了阶段性重要进展，率先在产业、生态、交通三大重点领域突破。[1]

此后，京津冀协同发展领导小组多次召开会议，研究解决京津冀协同发展重大问题，组织制定京津冀协同发展和雄安新区规划建设的重大规划、重要政策、重点项目及工作方案、年度计划，部署推进重点工作。

制定《京津冀协同发展规划纲要》

按照京津冀协同发展领导小组的总体部署，领导小组办公室会同党中央、国务院30多个部门、三省市和京津冀协同发展专家咨询委

---

[1] 《2014国内十大新闻》，《人民日报》2014年12月30日。

员会，多次深入实际调查研究，科学论证京津冀区域功能定位，在充分听取专家咨询委员会和各方意见的基础上，就功能定位达成广泛共识，组织专门班子，集中开展规划纲要编制工作。经反复研究和修改完善，并先后七轮征求各方面意见，形成了规划纲要稿。

2015年，习近平总书记先后主持召开中央财经领导小组会议、中央政治局常委会会议和中央政治局会议，审议研究规划纲要并发表重要讲话，进一步明确了有序疏解北京非首都功能、推动京津冀协同发展的目标、思路和方法，强调要走出一条内涵集约发展的新路子，探索出一种人口经济密集地区优化开发的模式，促进区域协调发展，形成新增长极。

在2月10日召开的中央财经领导小组第九次会议上，习近平总书记指出，疏解北京非首都功能、推进京津冀协同发展，是一个巨大的系统工程。为此，他强调要做到三个明确：一是目标要明确，通过疏解北京非首都功能，调整经济结构和空间结构，走出一条内涵集约发展的新路子，探索出一种人口经济密集地区优化开发的模式，促进区域协调发展，形成新增长极。二是思路要明确，坚持改革先行，有序配套推出改革举措。三是方法要明确，放眼长远、从长计议，稳扎稳打、步步为营，锲而不舍、久久为功。

4月30日召开的中央政治局会议审议通过规划纲要，确定了"功能互补、区域联动、轴向集聚、节点支撑"的布局思路，明确了以"一核、双城、三轴、四区、多节点"为骨架，设定了区域功能整体定位和三地功能定位。

"一核"即指北京。把有序疏解北京非首都功能、优化提升首都核心功能、解决北京"大城市病"问题作为京津冀协同发展的首要任务。"双城"是指北京、天津，这是京津冀协同发展的主要引擎，要进一步强化京津联动，全方位拓展合作广度和深度，加快实现同城化发展，共同发挥高端引领和辐射带动作用。"三轴"指的是京津、京保石、京唐秦三个产业发展带和城镇聚集轴，这是支撑京津冀协同发展的主体框架。"四区"分别是中部核心功能区、东部滨海发展区、南部功能拓展区和西北部生态涵养区，每个功能区都有明确的空间范围和发展重点。"多节点"包括石家庄、唐山、保定、邯郸等区域性中心城市和张家口、承德、廊坊、秦皇岛、沧州、邢台、衡水等节点城市，重点是提高其城市综合承载能力和服务能力，有序推动产业和人口聚集。同时，立足于三省市比较优势和现有基础，加快形成定位清晰、分工合理、功能完善、生态宜居的现代城镇体系，走出一条绿色低碳智能的新型城镇化道路。

京津冀协同发展的整体定位是"以首都为核心的世界级城市群、区域整体协同发展改革引领区、全国创新驱动经济增长新引擎、生态修复环境改善示范区"。三省市定位分别为，北京市："全国政治中心、文化中心、国际交往中心、科技创新中心"；天津市："全国先进制造研发基地、北方国际航运核心区、金融创新运营示范区、改革开放先行区"；河北省："全国现代商贸物流重要基地、产业转型升级试验区、新型城镇化与城乡统筹示范区、京津冀生态环境支撑区"。[1]

---

[1] 参见《京津冀协同发展领导小组办公室负责人就京津冀协同发展有关问题答记者问》，《人民日报》2015年8月24日。

区域整体定位体现了三省市"一盘棋"的思想，突出了功能互补、错位发展、相辅相成的布局思路；三省市定位服从和服务于区域整体定位，增强整体性，符合京津冀协同发展的战略需要。

2015年6月，《京津冀协同发展规划纲要》印发，从战略意义、总体要求、定位布局、有序疏解北京非首都功能、推动重点领域率先突破、促进创新驱动发展、统筹协同发展相关任务、深化体制机制改革、开展试点示范、加强组织实施等方面描绘了京津冀协同发展的宏伟蓝图，是推动京津冀协同发展重大国家战略的纲领性文件。随后，全国首个跨省级行政区的京津冀"十三五"规划以及京津冀土地、城乡、水利、卫生等12个专项规划印发实施，京津冀城际铁路网规划、北京新机场临空经济区规划等相继出台。

顶层设计，为这项战略实施提供了形成强大合力的行动指南。协同发展规划体系"四梁八柱"基本建立，大思路有了施工图。京津冀地区迎来了一个千载难逢的发展窗口期，协同发展由此进入全面实施、加快推进的新阶段。

集中建设雄安新区和北京城市副中心

新战略需要新理念。习近平总书记多次深入京津冀考察调研，多次主持召开会议，研究决定和部署实施京津冀协同发展战略。他指出"思路要明确，坚持改革先行，有序配套推出改革举措"，"要坚持协同发展、重点突破、深化改革、有序推进"，"要把筹办北京冬奥会、冬残奥会作为推动京津冀协同发展的重要抓手"。①习近平总书记多次在关键时刻作出的重要指示批示，为战略的实施擘画了蓝图，标定了航向。

　　有序疏解北京非首都功能是京津冀协同发展战略的核心，是关键环节和重中之重，对于推动京津冀协同发展具有重要先导作用。习近平总书记对有序疏解北京非首都功能多次作出重要指示批示，明确指出，京津冀协同发展要牵住疏解北京非首都功能这个"牛鼻子"和主要矛盾，降低北京人口密度，实现城市发展与资源环境相适应。②按照习近平总书记的重要指示精神，有序疏解北京非首都功能，从疏解对象讲，重点是疏解一般性产业特别是高消耗产业、区域性物流基地、区域性专业市场等部分第三产业，部分教育、医疗、培训机构等社会公共服务功能，部分行政性、事业性服务机构和企业总部等四类非首都功能。

　　集中建设雄安新区、北京城市副中心，形成北京发展新的骨架，是推动京津冀协同发展的重大战略举措，其目的是与首都北京形成一核两翼，继而带动建设京津冀世界级城市群。2016年3月24日，中共中央政治局常委会会议听取关于北京市行政副中心和疏解北京非首都功能集中承载地有关情况的汇报，确定疏解北京非首都功能集中承载地新区规划选址，同意定名为"雄安新区"。5月27日，习近平

---

① 张旭东等：《站在时代的潮头，筑造历史性工程——以习近平同志为核心的党中央谋划指导京津冀协同发展三周年纪实》，《人民日报》2017年2月27日。

② 参见《京津冀协同发展领导小组办公室负责人就京津冀协同发展有关问题答记者问》，《人民日报》2015年8月24日。

总书记主持召开中共中央政治局会议，听取关于规划建设北京城市副中心和研究设立河北雄安新区有关情况的汇报。习近平总书记在会上指出："建设北京城市副中心和雄安新区两个新城，形成北京新的'两翼'。这是我们城市发展的一种新选择。""在新的历史阶段，集中建设这两个新城，形成北京发展新的骨架，是千年大计、国家大事。"[1]

2016年7月28日，习近平总书记来到河北唐山市考察，对河北发展提出要求："在对接京津、服务京津中加快发展自己，在改革创新、开放合作中加快实现新旧动能转换，在治理污染、修复生态中加快营造良好人居环境，在脱贫攻坚、推进共享中努力提高人民生活水平。"[2]

2017年2月24日，习近平总书记来到北京城市副中心建设工地考察，详细了解建设理念、工程进程、群众搬迁安置等方面的情况，对建设取得的进展表示肯定，并进一步提出了明确要求。他指出，站在当前这个时间节点建设北京城市副中心，要有21世纪的眼光。规划、建设、管理都要坚持高起点、高标准、高水平，落实世界眼光、国际标准、中国特色、高点定位的要求。不但要搞好总体规划，还要加强主要功能区块、主要景观、主要建筑物的设计，体现城市精神、展现城市特色、提升城市魅力。

2017年3月，中共中央、国务院印发通知，决定设立河北雄安新区，规划范围涉及河北省雄县、容城、安新三个县及周边部分区域。之前的2月23日，习近平总书记还专程到河北省安新县实地察看规

---

[1] 新华社总编室编：《治国理政新实践：习近平总书记重要活动通讯选》（二），新华出版社2019年版，第468页。
[2] 习近平在河北唐山市考察时的讲话，《人民日报》2016年7月29日。

划新区核心区概貌，并主持召开了一场小型座谈会。他强调，规划建设雄安新区是具有重大历史意义的战略选择，是疏解北京非首都功能、推进京津冀协同发展的历史性工程。河北雄安新区是继深圳经济特区、上海浦东新区之后又一具有全国意义的新区，是千年大计、国家大事。规划建设雄安新区，是党中央深入推进京津冀协同发展作出的一项重大决策部署，最重要的定位、最主要的目的就是打造北京非首都功能疏解集中承载地。

雄安新区既是非首都功能疏解的集中承载地，又是贯彻落实新发展理念的创新发展示范区。雄安新区的设立，不仅形成北京新的"两翼"，也与以2022年北京冬奥会为契机推进张北地区建设，形成河北新的"两翼"，成为京津冀区域新的增长极。建设雄安新区，对于探索人口经济密集地区优先开发新模式、调整优化京津冀城市布局和空间结构、培育推动高质量发展和建设现代化经济体系的新引擎具有重大现实意义和深远历史意义。

"以疏解北京非首都功能为'牛鼻子'推动京津冀协同发展，高起点规划、高标准建设雄安新区"，党的十九大报告标注了浓墨重彩的一笔。河北雄安新区和北京城市副中心，两大新城，指向分明，错位发展。习近平总书记还对"疏解"一词作了深刻解析："疏解是双向发力。""内部功能重组和向外疏解转移双向发力。""雄安新区是外向发力；北京是内向调整，优化核心功能，把'白菜心'做好。"①

---

① 杜尚泽、张晓松：《一项历史性工程——习近平总书记调研京津冀协同发展并主持召开座谈会纪实》，《人民日报》2019年1月20日。

不同于一般意义上的新区，雄安新区定位首先是疏解北京非首都功能集中承载地，重点承接北京疏解出的行政事业单位、总部企业、金融机构、高等院校、科研院所等。与此同时，有序推动北京市属行政事业单位整体或部分向城市副中心转移。

2018年2月22日，习近平总书记主持召开中共中央政治局常务委员会会议，听取河北雄安新区规划编制情况汇报。会议强调，雄安新区规划和建设要坚持世界眼光、国际标准、中国特色、高点定位，要贯彻高质量发展要求，创造"雄安质量"，在推动高质量发展方面成为全国的一个样板。会议要求，要深化规划内容和完善规划体系，尽快研究提出支持雄安新区加快改革开放的措施，适时启动一批基础性重大项目建设，确保新区建设开好局、起好步。会议还强调，建设雄安新区是千年大计、国家大事，是一项历史性工程，要保持历史耐心，稳扎稳打，一茬接着一茬干，努力建设高水平的社会主义现代化城市。

2018年4月20日，中共中央、国务院对《河北雄安新区规划纲要》的批复向社会公布。4月21日，该纲要全文公布，国内外社会各界对此高度关注。该纲要描绘了雄安新区的美好蓝图——绿色生态宜居新城区、创新驱动发展引领区、协调发展示范区、开放发展先行区。这四个定位紧紧围绕打造北京非首都功能疏解集中承载地，贯彻落实了新发展理念，充分体现了高质量发展关于坚持把绿色作为普遍形态、坚持把创新作为第一动力、坚持把协调作为内生特点、坚持把开放作为必由之路的要求。

规划建设雄安新区的目标是，到2035年，基本建成绿色低碳、信息智能、宜居宜业、具有较强竞争力和影响力、人与自然和谐共生的高水平社会主义现代化城市，有效承接北京非首都功能，"雄安质量"引领全国高质量发展作用明显，成为现代化经济体系的新引擎。到 21 世纪中叶，全面建成高质量高水平的社会主义现代化城市，成为京津冀世界级城市群的重要一极；集中承接北京非首都功能成效显著，为解决北京"大城市病"问题提供中国方案；成为新时代高质量发展的全国样板，为实现中华民族伟大复兴贡献力量。《河北雄安新区规划纲要》公布后，雄安新区总体规划、起步区控制性规划、启动区控制性详细规划、白洋淀生态环境治理和保护规划四个基础性规划相继出台，交通、防震、能源等 20 多个专项规划印发实施。

规划建设北京城市副中心，与河北雄安新区形成北京新的两翼，是以习近平同志为核心的党中央作出的重大决策部署，是千年大计、国家大事。北京城市副中心规划编制从 2014 年开始，邀请了 12 家国际知名联合设计团队参与，历时五年，旨在高起点规划，把握好城市定位，把每一寸土地都规划得清清楚楚，实现控规层面的"多规合一"。2018 年 7 月 23 日至 24 日，北京市委召开全会，专题研究讨论《北京城市副中心控制性详细规划》。该规划有 7 章 72 条，一直落实到街区层面，在未来执行中将形成不可动摇的刚性约束，体现了规划方法从"网眼大"到"密密织"的重要转变。北京通州区与河北廊坊北三县地区，实行统一规划、统一政策、统一标准、统一管控，建设京津冀区域协同发展示范区。

2018 年 12 月，中共中央、国务院批复同意《北京城市副中心控制性详细规划》。批复要求，要处理好和中心城区的关系，带动中心城区功能和人口向城市副中心疏解，同时更好加强对中心城区首都功能的服务保障，实现以副辅主、主副共兴；要处理好与河北雄安新区的关系，做到各有分工、互为促进；严格控制人口规模、用地规模、建筑规模，城市副中心规划范围155平方公里，到2035年，常住人口规模控制在130万人以内，城乡建设用地规模控制在100平方公里左右。2019年1月11日，北京市级行政中心正式迁入北京城市副中心，铺开"以副辅主、主副共兴"的蓝图。

同期，经党中央、国务院同意，原则同意《河北雄安新区总体规划（2018—2035年）》。批复对紧扣雄安新区战略定位、有序承接北京非首都功能疏解、优化国土空间开发保护格局、打造优美自然生态环境、推进城乡融合发展、塑造新区风貌特色、打造宜居宜业环境、构建现代综合交通体系、建设绿色低碳之城、建设国际一流的创新型城市、创建数字智能之城、确保城市安全运行等提出指导性意见。随后，河北省印发《白洋淀生态环境治理和保护规划（2018—2035年）》。能源、综合交通等专项规划也陆续编制完成。多规合一的规划体系，为雄安新区大规模开工建设夯实了基础。

两份规划接续出台，为雄安新区和北京城市副中心建设提供了法定蓝图和施工总图，也标志着这两个地区的发展从顶层设计阶段转向实质性开工建设阶段。至此，在京津冀协同发展中，河北雄安新区和北京城市副中心两翼展翅，带来全新的"雄安质量""城市副中心质量"。雄安和通州，必将展现水城共融、蓝绿交织、清新明亮、舒缓宜居的城市风貌，建设一个没有"城市病"的科技领先的优美城区。

2018年7月6日，习近平总书记主持召开中央全面深化改革委员会第三次会议，审议通过《关于支持河北雄安新区全面深化改革和扩大开放的指导意见》。会议指出，支持河北雄安新区全面深化改革和扩大开放，要牢牢把握北京非首都功能疏解集中承载地这个定位，围绕创造"雄安质量"，赋予雄安新区更大的改革自主权，在创新发展、城市治理、公共服务等方面先行先试、率先突破，构建符合高质量发展要求和未来发展方向的制度体系，打造推动高质量发展的全国样板。随后，有关方面陆续制定出台雄安质量标准体系、人力资源、行政体制等15个配套方案，为新区发展提供了强有力的政策支撑。

保持历史耐心和战略定力

2019年1月16日至18日，新年伊始，习近平总书记再次赴京津冀三省市视察工作，主持召开京津冀协同发展座谈会并发表重要讲话。他充分肯定京津冀协同发展战略实施以来取得的显著成效，对下一步推动京津冀协同发展作出重要指示，指明了前进方向。

这次考察，正值京津冀协同发展战略实施五周年。过去的五年，京津冀三地携手并肩，增强协同发展的自觉性、主动性、创造性，不断把美好蓝图转化成美丽实景。五年间，《京津冀协同发展规划纲要》《北京城市总体规划（2016年—2035年）》《河北雄安新区总体规划（2018—2035年）》等重磅文件陆续推出，"轨道上的京津冀"提速发力，"蓝天下的京津冀"携手并肩，"科技创新链条上的京津冀"深入探索，一个产业重构、资源整合、一体相连、大道通衢的京津冀跃然而起。

在考察雄安新区时，习近平总书记强调，建设雄安新区是千年大计。新区首先就要新在规划、建设的理念上，要体现出前瞻性、引领性。要全面贯彻新发展理念，坚持高质量发展要求，努力创造新时代高质量发展的标杆。先植绿、后建城，是雄安新区建设的一个新理念。良好生态环境是雄安新区的重要价值体现。"千年大计"就要从"千年秀林"开始，努力接续展开蓝绿交织、人与自然和谐相处的优美画卷。

在天津滨海中关村科技园协同创新展示中心，习近平总书记强调，自主创新是推动高质量发展、动能转换的迫切要求和重要支撑，必须创造条件、营造氛围，调动各方面创新积极性，让每一个有创新梦想的人都能专注创新，让每一份创新活力都能充分迸发。要深化科技园区体制机制创新，优化营商环境，吸引更多在京科技服务资源到园区投资或业务延伸，促进京津两市真正实现优势互补、强强联合。

在考察北京城市副中心时，习近平总书记指出，建设北京城市副中心，是北京建城立都以来具有里程碑意义的一件大事，对新时代北京的发展是一个重大机遇。建设北京城市副中心要坚持规划先行、质量第一。要把公共建筑与山水自然融为一体，科学布局生产、生活、生态空间，使工作、居住、休闲、交通、教育、医疗等有机衔接、便利快捷。要把规划执行好、落实好，把蓝图变为实景，使北京城市副中心成为这座千年古都又一张亮丽的城市名片。

1月18日，在北京城市副中心刚刚挂牌的北京市委办公楼主楼会议室，习近平总书记主持召开京津冀协同发展座谈会。面对齐聚一堂的京津冀负责人，习近平总书记语重心长地说："京津冀如同一朵花上的花瓣，瓣瓣不同，却瓣瓣同心。"他在座谈会上强调，要从全局的高度和更长远的考虑来认识和做好京津冀协同发展工作，增强协同发展的自觉性、主动性、创造性，保持历史耐心和战略定力，稳扎稳打，勇于担当，敢于创新，善作善成，下更大气力推动京津冀协同发展取得新的更大进展。

习近平总书记说，京津冀协同发展是一个系统工程，不可能一蹴而就，要做好长期作战的思想准备，过去的五年，京津冀协同发展总体上处于谋思路、打基础、寻突破的阶段，当前和今后一个时期进入到滚石上山、爬坡过坎、攻坚克难的关键阶段，需要下更大气力推进工作。习近平总书记对推动京津冀协同发展提出了六个方面的要求。

第一，紧紧抓住"牛鼻子"不放松，积极稳妥有序疏解北京非首都功能。要更加讲究方式方法，坚持严控增量和疏解存量相结合，内部功能重组和向外疏解转移双向发力，稳妥有序推进实施。要发挥市场机制作用，采取市场化、法治化手段，制定有针对性的引导政策，同雄安新区、北京城市副中心形成合力。要立足北京"四个中心"功能定位，不断优化提升首都核心功能。

第二，保持历史耐心和战略定力，高质量高标准推动雄安新区规划建设。要把设计成果充分吸收体现到控制性详细规划中，保持规划的严肃性和约束性，用法律法规确保一张蓝图干到底。要打造一批承接北京非首都功能疏解的标志性工程项目，新开工建设一批交通、水利、公共服务等重大基础配套设施，让社会各界和新区百姓看到变化。要建设一支政治过硬、专业过硬、能吃苦、富有开拓创新精神的干部队伍，加强党风廉政建设，营造风清气正的良好环境。

第三，以北京市级机关搬迁为契机，高质量推动北京城市副中心规划建设。要充分考虑搬迁过程中可能遇到的各种情况，研究出台具有针对性和可操作性的政策举措，解决干部职工的后顾之忧。要加快重大基础设施建设，配置教育、医疗、文化等公共服务功能，提高副中心的承载力和吸引力。要推进北京中心城区"老城重组"，优化北京空间布局和经济结构，提升北京市行政管理效率和为中央政务服务的职能。

第四，向改革创新要动力，发挥引领高质量发展的重要动力源作用。要集聚和利用高端创新资源，积极开展重大科技项目研发合作，打造我国自主创新的重要源头和原始创新的主要策源地。要立足于推进人流、物流、信息流等要素市场一体化，推动交通一体化。要破除制约协同发展的行政壁垒和体制机制障碍，构建促进协同发展、高质量发展的制度保障。

第五，坚持绿水青山就是金山银山的理念，强化生态环境联建联防联治。要增加清洁能源供应，调整能源消费结构，持之以恒推进京津冀地区生态建设，加快形成节约资源和保护环境的空间格局、产业结构、生产方式、生活方式。

第六，坚持以人民为中心，促进基本公共服务共建共享。要着力解决百姓关心、涉及切身利益的热点难点问题，优化教育医疗资源布局。要加大力度推进河北省贫困地区脱贫攻坚工作，发挥好京津对口帮扶机制的作用，确保2020年京津冀地区贫困县全部摘帽。要坚持就业优先，做好当地百姓就业这篇文章。

党的十八大以来，党中央高度重视首都发展，始终牢牢抓住疏解北京非首都功能这个"牛鼻子"，坚定不移推动京津冀协同发展。京津冀协同发展战略实施以来，习近平总书记多次视察北京，多次对北京发表重要讲话，深刻阐述了"建设一个什么样的首都、怎样建设首都"这个重大时代课题。

北京大兴国际机场是习近平总书记特别关怀、亲自推动的京津冀协同发展的骨干工程。机场于2014年开工建设，规划远期年客流吞吐量1亿人次、飞机起降量88万架次。2017年7月23日，习近平总书记考察新机场建设时强调，新机场是首都的重大标志性工程，是国家发展一个新的动力源，必须全力打造精品工程、样板工程、平安工程、廉洁工程，确保高标准、高质量，努力集成世界上最先进的管理技术和经验。

2019年9月25日，在新中国成立70周年之际，习近平总书记出席北京大兴国际机场投运仪式，宣布机场正式投运并巡览航站楼。这一重大工程建成投运，对提升我国民航国际竞争力、更好服务全国对外开放、推动京津冀协同发展具有重要意义。

建设北京城市副中心，是北京建城立都以来具有里程碑意义的一件大事。2021年11月26日，国务院公开发布《关于支持北京城市副中心高质量发展的意见》，提出了"十四五"时期和到2035年的发展目标。根据该意见，到2025年，城市副中心绿色城市、森林城市、海绵城市、智慧城市、人文城市、宜居城市功能基本形成。北京市级党政机关和市属行政事业单位搬迁基本完成，承接北京非首都功能疏解和人口转移取得显著成效，"城市副中心质量"体系初步构建。到2035年，现代化城市副中心基本建成。承接北京非首都功能疏解和人口转移的作用全面显现，"城市副中心质量"体系完善成熟，与周边地区一体化高质量发展取得显著成效。这为推动北京城市副中心建设工作进一步强化导向、释放红利、鼓舞斗志。

京津冀协同发展战略实施以来，不断取得新进展、新突破和显著成效，《京津冀协同发展规划纲要》制定的到2020年的目标任务已全面顺利完成。一是有序推进北京非首都功能疏解，非首都功能增量得到严控，存量得到疏解，人口规模得到控制，空间布局和经济结构得到优化提升。二是高标准高质量推进雄安新区建设，规划体系基本建立，政策框架基本形成，重点建设项目加快实施，白洋淀生态环境加快治理，新区呈现塔吊林立、热火朝天的新面貌。三是加快推进重点地区发展，北京市通州区与河北省北三县协同发展深入推进，张家口首都水源涵养功能区和生态环境支撑区加快建设，天津滨海新区改革开放深入推进，引领带动周边地区协同发展。四是大力推进重点领域协同发展，交通一体化加快建设，生态联防联控联治力度不断加大，产业升级转移扎实推进，交通、生态、产业等不断取得新突破。五是谋划推进一批重大改革创新举措落地，创新驱动作用日益凸显，重大改革开放举措相继落地，协同发展体制机制日趋完善。六是积极推进民生领域补短板强弱项，重大突发事件加强联防联控，医疗卫生协作日益紧密，教育合作逐步深化，对口帮扶工作深入推进，基本公共服务均等化水平持续提高。①

2021、2022年，北京非首都功能疏解取得突破性进展，一批央

---

① 参见《牢牢把握北京非首都功能疏解"牛鼻子" 努力推动京津冀协同发展迈上新台阶取得新成效》，《人民日报》2021年3月12日。

企集团总部搬离北京。雄安新区已从规划建设为主进入承接北京非首都功能和建设同步推进的重要时期，开始进入大规模建设阶段，致力于打造承载北京非首都功能疏解的高质量样板。北京城市副中心则有序承接符合发展定位的功能疏解和人口转移，提升对首都功能的服务保障能力。下一步，推进京津冀协同发展，还要努力在交通、环境、产业、公共服务等领域取得更多成果，加快谋划推进一批交通基础设施等重大工程项目，加强创新链产业链协同，着力推进基本公共服务共建共享。

按照京津冀协同发展的远期目标，到2030年，首都核心功能更加优化，京津冀区域一体化格局基本形成，区域经济结构更加合理，生态环境质量总体良好，公共服务水平趋于均衡。届时，一个新崛起的世界级城市群可期可观，也将带动华北地区成为一个有强大竞争力的区域中心，成为中国经济发展的强力支撑带。

第三章
全面推动长江经济带发展

——建成生态更优美、交通更顺畅、经济更协调、市场更统一、机制更科学的黄金经济带长江是中华民族的母亲河,也是中华民族发展的重要支撑。推动长江经济带发展必须从中华民族长远利益考虑,走生态优先、绿色发展之路,使绿水青山产生巨大生态效益、经济效益、社会效益,使母亲河永葆生机活力。

——习近平

推动长江经济带发展是以习近平同志为核心的党中央作出的重大决策，是关系国家发展全局的重大战略。习近平总书记一直心系长江经济带发展，亲自谋划、亲自部署、亲自推动，多次深入长江沿线视察工作，多次对长江经济带发展作出重要指示批示，多次主持召开会议并发表重要讲话，站在历史和全局的高度，从中华民族长远利益出发，为推动长江经济带发展把脉定向。全面推动长江经济带发展的目标是谱写生态优先绿色发展新篇章，打造区域协调发展新样板，构筑高水平对外开放新高地，塑造创新驱动发展新优势，绘就山水人城和谐相融新画卷，使长江经济带成为我国生态优先绿色发展主战场、畅通国内国际双循环主动脉、引领经济高质量发展主力军。

长江病了，而且病得还不轻

人类因水而兴。从沿海起步先行、溯内河向纵深腹地梯度发展，是世界经济史上的一个重要规律，也是许多发达国家在现代化进程中的共同经历。比如20世纪密西西比河流域的发展推动了美国崛起，而莱茵河流域的发展则促进了法国、德国和荷兰的繁荣。

在中国辽阔的版图上，北有黄河，南有长江，两条大河自西向东奔流入海，哺育了中华民族，孕育了中华文明。通观中华文明发展史，长江是中华民族的重要发源地之一。从巴山蜀水到江南水乡，长江流域人杰地灵，陶冶历代思想精英，涌现无数风流人物。千百年来，长江流域以水为纽带，连接上下游、左右岸、干支流，形成经济社会大系统，今天仍然是连接丝绸之路经济带和21世纪海上丝绸之路的重要纽带。

新中国成立以来,特别是改革开放以来,长江流域经济社会迅猛发展,综合实力快速提升,是我国经济重心所在、活力所在。它覆盖上海、江苏、浙江、安徽、江西、湖北、湖南、四川、重庆、云南、贵州11省市,横跨我国东中西三大板块,人口规模和经济总量占据全国"半壁江山",生态地位突出,发展潜力巨大,在区域发展总体格局中具有重要战略地位。

然而,长江经济带发展又面临诸多亟待解决的困难和问题,主要是生态环境状况形势严峻、长江水道存在瓶颈制约、区域发展不平衡问题突出、产业转型升级任务艰巨、区域合作机制尚不健全等。

比如,长江经济带东中西发展不均衡。长三角等东部地区代表着中国经济发展的最高水平,而沿江中西部地区大多仍属于发展相对滞后的"洼地"。总体上看,区域内经济发展极不平衡,呈现出自东向西发展水平渐弱的格局。

再比如,长江经济带又是一条被"割裂"的经济带。政策缺乏协同、市场壁垒隐现、优势难以互补,一颗颗城市"珍珠"散落无序,产业同质化现象大量存在,航道下游"卡脖子"、中游"梗阻"、上游"瓶颈"、支流"不畅"等问题突出。

长江经济带还是一条环境保护警钟长鸣的经济带。伴随经济的快速增长、流域的大规模开发,一些地方无视长江水环境,在沿江地区密集布局高污染企业,众多工业、生活废水直接排入长江,长江生态系统警钟不时敲响,中下游水质不断恶化,河湖湿地萎缩,顶级物种纷纷告急。早在2012年,水利部水资源公告数据显示,全国废污水排放总量785亿吨中，有近400亿吨排入长江，这几乎相当于一条黄河的水量。[1]

另外，长江经济带的交通网不完善，运输方式衔接不畅。航运潜能尚未充分发挥，高等级航道比重不高，高效集疏运体系尚未形成；东西向铁路、公路运输能力不足，南北向通道能力紧张，向西开放的国际通道能力薄弱；网络结构不完善，覆盖广度不够，通达深度不足；各种运输方式衔接不畅，铁水、公水、空铁等尚未实现有效衔接。

如何依托这条黄金水道，为内河经济带建设提供支撑，为东中西协调发展奠定基础，为陆海双向开放创造条件，为生态文明建设做好示范，形成上中下游优势互补、协作互动的格局，使母亲河永葆生机活力？新时代需要对长江经济带进行新的谋划。

保护母亲河是事关中华民族伟大复兴和永续发展的千秋大计！党的十八大以来，以习近平同志为核心的党中央高瞻远瞩、审时度势，作出推进长江经济带建设重大决策部署，唱响了一曲生态优先、绿色发展的长江之歌。

共抓大保护，不搞大开发

站在时空交汇的重要节点上，以习近平同志为核心的党中央为长江流域的发展指明了方向。

---

[1] 马志刚、张双、熊丽：《古老母亲河谱写新篇章——党的十八大以来我国推进长江经济带绿色发展建设纪实》，《人民日报》2016年2月18日。

2013年7月21日，习近平总书记在湖北武汉考察时提出，"长江流域要加强合作，充分发挥内河航运作用，发展江海联运，把全流域打造成黄金水道"①。重塑长江黄金经济带的大幕就此拉开。

11月，在湖南考察的习近平总书记要求："湖南发挥作为东部沿海地区和中西部地区过渡带、长江开放经济带和沿海开放经济带结合部的区位优势，抓住产业梯度转移和国家支持中西部地区发展的重大机遇。"②

2014年3月，在十二届全国人大二次会议上，"依托黄金水道，建设长江经济带"正式写入政府工作报告。

5月，习近平总书记在上海指出，发挥上海在长三角地区合作和交流中的龙头带动作用，既是上海自身发展的需要，也是中央赋予上海的一项重要使命。

9月，国务院《关于依托黄金水道推动长江经济带发展的指导意见》正式发布。

11月，长江沿岸中心城市经济协调会第十六届市长联席会议上，长江沿岸27个城市达成《长江流域环境联防联治合作协议》，探索设立区域性环境资源交易平台、组建环保产业联盟、建立流域上中下游生态补偿制度等。

12月1日，长江经济带九省二市的12个直属海关全面启动长江

---

① 马志刚、张双、熊丽：《古老母亲河谱写新篇章——党的十八大以来我国推进长江经济带绿色发展建设纪实》，《人民日报》2016年2月18日。
② 马志刚、张双、熊丽：《古老母亲河谱写新篇章——党的十八大以来我国推进长江经济带绿色发展建设纪实》，《人民日报》2016年2月18日。

经济带海关区域通关一体化改革。

2015年3月,十二届全国人大三次会议通过的《关于2014年国民经济和社会发展计划执行情况与2015年国民经济和社会发展计划草案的报告》提出,要制定长江经济带发展规划纲要,加快长江经济带综合立体交通走廊、绿色生态廊道建设,有序开工黄金水道治理、沿江码头口岸等重大项目,建设承接产业转移示范区和共建产业园区。

4月,《长江中游城市群发展规划》正式获批,长江经济带形成了长三角、长江中游和成渝三大城市群。一个以城市群为主体形态,科学规划城市空间布局,实现紧凑集约、高效绿色发展,坚持大中小结合、东中西联动,明确主导产业和特色产业的新格局正在形成。

10月,长江经济带覆盖的11省市共同签署了《长江经济带旅游产业合作宣言》,沿线省市将整合旅游资源,强化旅游服务,提升旅游质量,共建黄金旅游区域。

11月,"十三五"规划建议提出:"以区域发展总体战略为基础,以'一带一路'建设、京津冀协同发展、长江经济带建设为引领,形成沿海沿江沿线经济带为主的纵向横向经济轴带。"[①]

推动长江经济带发展作为国家一项重大区域发展战略提出以来,推动长江经济带发展领导小组、国务院有关部门和沿江省市做了大量工作,在整治航道、利用水资源、控制和治理沿江污染、推动通关和检验检疫一体化等方面取得积极成效,一批重大工程建设顺利推进。

---

① 《中共中央关于制定国民经济和社会发展第十三个五年规划的建议(二○一五年十月二十九日中国共产党第十八届中央委员会第五次全体会议通过)》,《人民日报》2015年11月4日。

2016年是"十三五"开局之年,也是长江经济带建设全面推进之年。

1月5日,新年伊始,习近平总书记在长江上游的重庆主持召开推动长江经济带发展座谈会并发表重要讲话,全面深刻阐述了推动长江经济带发展的重大战略思想,绘就了长江经济带发展的宏伟蓝图。

座谈会上,习近平总书记听取有关省市和国务院有关部门对推动长江经济带发展的意见和建议。有关负责同志结合实际,从不同角度就推动长江经济带发展有关问题谈了认识和看法。习近平总书记边听边记,不时同他们讨论交流。在听取大家发言后,习近平总书记发表重要讲话。

习近平总书记指出,长江和长江经济带的地位和作用,说明推动长江经济带发展必须坚持生态优先、绿色发展的战略定位,这不仅是对自然规律的尊重,也是对经济规律、社会规律的尊重。他强调,"推动长江经济带发展必须从中华民族长远利益考虑","当前和今后相当长一个时期,要把修复长江生态环境摆在压倒性位置,共抓大保护,不搞大开发","把长江经济带建设成为我国生态文明建设的先行示范带、创新驱动带、协调发展带"。① 这确定了长江经济带发展的正确航向。

长江拥有独特的生态系统,是我国重要的生态宝库。习近平总书记强调,要把实施重大生态修复工程作为推动长江经济带发展项目的优先选项,实施好长江防护林体系建设、水土流失及岩溶地区石漠化

---

① 习近平在推动长江经济带发展座谈会上的讲话,《人民日报》2016年1月8日。

治理、退耕还林还草、水土保持、河湖和湿地生态保护修复等工程，增强水源涵养、水土保持等生态功能；要用改革创新的办法抓长江生态保护，在生态环境容量上过紧日子的前提下，依托长江水道，统筹岸上水上，正确处理防洪、通航、发电的矛盾，自觉推动绿色循环低碳发展，有条件的地区率先形成节约能源资源和保护生态环境的产业结构、增长方式、消费模式，真正使黄金水道产生黄金效益。

长江经济带作为流域经济，涉及水、路、港、岸、产、城和生物、湿地、环境等多个方面，是一个整体，必须全面把握、统筹谋划。习近平总书记强调，要增强系统思维，统筹各地改革发展、各项区际政策、各领域建设、各种资源要素，使沿江各省市协同作用更明显，促进长江经济带实现上中下游协同发展、东中西部互动合作；要优化已有岸线使用效率，把水安全、防洪、治污、港岸、交通、景观等融为一体，抓紧解决沿江工业、港口岸线无序发展的问题；要优化长江经济带城市群布局，坚持大中小结合、东中西联动，依托长三角、长江中游、成渝这三大城市群带动长江经济带发展。

推动长江经济带发展必须建立统筹协调、规划引领、市场运作的领导体制和工作机制。习近平总书记指出，推动长江经济带发展领导小组要更好发挥统领作用；发展规划要着眼战略全局、切合实际，发挥引领约束功能；保护生态环境、建立统一市场、加快转方式调结构，这是已经明确的方向和重点，要用"快思维"、做"加法"；而科学利用水资源、优化产业布局、统筹港口岸线资源和安排一些重大投资项目，如果一时看不透，或者认识不统一，则要用"慢思维"，有时就要做"减法"；对一些二选一甚至多选一的"两难""多难"问题，要科学论证，比较选优；对那些不能做的事情，要列出负面清单；市场、开放是推动长江经济带发展的重要动力；推动长江经济带发展，要使市场在资源配置中起决定性作用，更好发挥政府作用；沿江省市要加快政府职能转变，提高公共服务水平，创造良好市场环境。

习近平总书记最后强调，沿江省市和国家相关部门要在思想认识上形成一条心，在实际行动中形成一盘棋，共同努力把长江经济带建成生态更优美、交通更顺畅、经济更协调、市场更统一、机制更科学的黄金经济带。

重庆座谈会后，习近平总书记又先后主持召开中央财经领导小组会议、中共中央政治局会议，专题研究长江经济带发展的总体思路和规划纲要。

2016年1月26日，习近平总书记主持召开中央财经领导小组第十二次会议，研究长江经济带发展规划。习近平总书记指出，长江是中华民族的生命河，推动长江经济带发展，理念要先进，坚持生态优先、绿色发展，把生态环境保护摆上优先地位，涉及长江的一切经济活动都要以不破坏生态环境为前提，共抓大保护，不搞大开发；思路要明确，建立硬约束，长江生态环境只能优化、不能恶化；要促进要素在区域之间流动，增强发展统筹度和整体性、协调性、可持续性，提高要素配置效率；要发挥长江黄金水道作用，产业发展要体现绿色循环低碳发展要求；推进要有力，必须加强领导、统筹规划、整体推动，提升发展质量和效益。

3月25日，习近平总书记主持召开中共中央政治局会议，审议通过《长江经济带发展规划纲要》。会议指出，长江经济带发展的战略定位必须坚持生态优先、绿色发展，共抓大保护，不搞大开发；要按照全国主体功能区规划要求，建立生态环境硬约束机制，列出负面清单，设定禁止开发的岸线、河段、区域、产业，强化日常监测和问责；要抓紧研究制定和修订相关法律，把全面依法治国的要求覆盖到长江流域。要有明确的激励机制，激发沿江各省市保护生态环境的内在动力；要贯彻落实供给侧结构性改革决策部署，在改革创新和发展新动能上做"加法"，在淘汰落后过剩产能上做"减法"，走出一条绿色低碳循环发展的道路。

5月30日，中共中央、国务院印发《长江经济带发展规划纲要》。根据"生态优先、流域互动、集约发展"的思路，该规划纲要提出"一轴、两翼、三极、多点"的格局。"一轴"是指以长江黄金水道为依托，发挥上海、武汉、重庆的核心作用，以沿江主要城镇为节点，构建沿江绿色发展轴。"两翼"是指发挥长江主轴线的辐射带动作用，向南北两侧腹地延伸拓展，提升南北两翼支撑力。"三极"是指以长江三角洲城市群、长江中游城市群、成渝城市群为主体，发挥辐射带动作用，打造长江经济带三大增长极。"多点"是指发挥三大城市群以外地级城市的支撑作用，以资源环境承载力为基础，不断完善城市功能，发展优势产业，建设特色城市，加强与中心城市的经济联系与互动，带动地区经济发展。

该规划纲要指出，推动长江经济带发展，有利于走出一条生态优先、绿色发展之路，让中华民族母亲河永葆生机活力，真正使黄金水道产生黄金效益；有利于挖掘中上游广阔腹地蕴含的巨大内需潜力，促进经济增长空间从沿海向沿江内陆拓展，形成上中下游优势互补、协作互动格局,缩小东中西部发展差距;有利于打破行政分割和市场壁垒,推动经济要素有序自由流动、资源高效配置、市场统一融合,促进区域经济协同发展;有利于优化沿江产业结构和城镇化布局,建设陆海双向对外开放新走廊,培育国际经济合作竞争新优势,促进经济提质增效升级,对于实现"两个一百年"奋斗目标和中华民族伟大复兴的中国梦,具有重大现实意义和深远历史意义。

使长江经济带成为引领我国经济高质量发展的生力军

自 2016 年 1 月在长江上游的重庆主持召开推动长江经济带发展座谈会,两年多后的 2018 年 4 月,在万物勃发的仲春时节,习近平总书记再次来到长江岸边。

在这两年多时间里,推动长江经济带发展领导小组办公室会同国务院有关部门、沿江省市做了大量工作,在强化顶层设计、改善生态环境、促进转型发展、探索体制机制改革等方面取得了积极进展。一是规划政策体系不断完善,《长江经济带发展规划纲要》及 10 个专项规划印发实施,超过 10 个各领域政策文件出台实施。二是共抓大保护格局基本确立,开展系列专项整治行动,非法码头中有 959 座已彻底拆除、402 座已基本整改规范,饮用水源地、入河排污口、化工污染、固体废物等专项整治行动扎实开展,长江水质优良比例由 2015 年年底的 74.3% 提高到 2017 年三季度的 77.3%。三是综合立体交通走廊建设加快推进,产业转型升级取得积极进展,新型城镇化持续推进，对外开放水平明显提升，经济保持稳定增长势头，长江沿线11省市的地区生产总值占全国比重超过了45%。四是聚焦民生改善重点问题，扎实推进基本公共服务均等化，人民生活水平明显提高。

在这段时间里，习近平总书记的目光也始终关注着波涛涌动的壮美长江，思考着人与自然和谐共生的辩证法则，谋划着让中华民族母亲河永葆生机活力的发展之道。

2018年4月24日至25日，习近平总书记深入湖北宜昌市和荆州市、湖南岳阳市以及三峡坝区等地，考察化工企业搬迁、非法码头整治、江水污染治理、河势控制和护岸工程、航道治理、湿地修复、水文站水文监测工作等情况，还到乡村、企业、社区等地作了调研，沿途听取了湖北、湖南有关负责同志关于本省参与长江经济带发展的情况汇报，实地了解长江经济带发展战略实施情况。

在三峡库区最大的移民搬迁企业——兴发集团考察时，习近平总书记强调，长江是中华民族的母亲河，一定要保护好；企业是长江生态环境保护建设的主体和重要力量，要强化企业责任，加快技术改造，淘汰落后产能，发展清洁生产，提升企业生态环境保护建设能力；要下决心把长江沿岸有污染的企业都搬出去，企业搬迁要做到人清、设备清、垃圾清、土地清，彻底根除长江污染隐患；要坚持把修复长江生态环境摆在推动长江经济带发展工作的重要位置，共抓大保护，不搞大开发；不搞大开发不是不要开发，而是不搞破坏性开发，要走生态优先、绿色发展之路。

在东洞庭湖国家级自然保护区巡护监测站，习近平总书记强调，修复长江生态环境，是新时代赋予我们的艰巨任务，也是人民群众的热切期盼，当务之急是刹住无序开发，限制排污总量，依法从严从快打击非法排污、非法采砂等破坏沿岸生态行为。他说："绝不容许长江生态环境在我们这一代人手上继续恶化下去，一定要给子孙后代留下一条清洁美丽的万里长江！"①

4月26日下午，习近平总书记在长江中游的湖北武汉主持召开深入推动长江经济带发展座谈会。会议名称由重庆座谈会的"推动"变为"深入推动"。座谈会上，国家发展改革委、生态环境部、交通运输部、水利部，以及重庆市、湖北省、上海市主要负责同志先后发言，从不同角度汇报工作的体会，提出意见和建议。他们对自己辖区和分管领域存在的问题，剖析起来丝毫不留情面。

听取大家发言后，习近平总书记发表了重要讲话。他强调，总体上看，实施长江经济带发展战略要加大力度。他指出，新形势下推动长江经济带发展，关键是要正确把握整体推进和重点突破、生态环境保护和经济发展、总体谋划和久久为功、破除旧动能和培育新动能、自我发展和协同发展的关系，坚持新发展理念，坚持稳中求进工作总基调，坚持共抓大保护、不搞大开发，加强改革创新、战略统筹、规划引导，以长江经济带发展推动经济高质量发展。

在肯定这两年多时间取得的成绩的同时，习近平总书记用了很大篇幅讲问题和差距。他强调要清醒看到面临的困难挑战和突出问题，主要有：

---

① 习近平在实地了解长江经济带发展战略实施情况时的讲话，《人民日报》2018年4月27日。

一是对长江经济带发展战略仍存在一些片面认识。两年多来，各级领导干部思想认识不断深化，但也有些人的认识不全面、不深入。有的认为共抓大保护、不搞大开发就是不发展了，没有辩证看待经济发展和生态环境保护的关系；有的仍然受先污染后治理、先破坏后修复的旧观念影响，认为在追赶发展阶段"环境代价还是得付"，对共抓大保护重要性认识不足；有的环境治理和修复项目推进进度偏慢、办法不多，甚至以缺少资金、治理难度大等理由拖延搪塞。这反映出一些同志在抓生态环境保护上主动性不足、创造性不够，思想上的结还没有真正解开。

二是生态环境形势依然严峻。流域生态功能退化依然严重，长江"双肾"洞庭湖、鄱阳湖频频干旱见底，接近30%的重要湖库仍处于富营养化状态，长江生物完整性指数到了最差的"无鱼"等级。沿江产业发展惯性较大，污染物排放基数大，废水、化学需氧量、氨氮排放量分别占全国的43%、37%、43%。长江岸线、港口乱占滥用、占而不用、多占少用、粗放利用的问题仍然突出。流域环境风险隐患突出，长江经济带内30%的环境风险企业位于饮用水源地周边5公里范围内，生产储运区交替分布。干线港口危险化学品年吞吐量达1.7亿吨、超过250种，运输量仍以年均近10%的速度增长。同时，出现了一些新问题，比如固体危废品跨区域违法倾倒呈多发态势，污染产业向中上游转移风险隐患加剧，等等。

三是生态环境协同保护体制机制亟待建立健全。统分结合、整体联动的工作机制尚不健全，生态环境保护制度尚不完善，市场化、多元化的生态补偿机制建设进展缓慢，生态环境硬约束机制尚未建立，长江保护法治进程滞后。生态环境协同治理较弱，难以有效适应全流域完整性管理的要求。

四是流域发展不平衡不协调问题突出。长江经济带横跨我国东中西部，地区发展条件差异大，基础设施、公共服务和人民生活水平的差距较大。三峡库区、中部蓄滞洪区和七个集中连片特困地区脱贫攻坚任务还很繁重。区域合作虚多实少，城市群缺乏协同，带动力不足。

五是有关方面主观能动性有待提高。中央专项安排长江经济带生态环境保护的资金规模不大，有关部门涉及长江经济带生态环境保护资金安排的统筹程度不强、整体效率不高。地方投资力度和积极性欠缺，政策性金融和开发性金融机构的支持力度不够。企业和社会资本参与度不高。干部队伍配备不足，宣传教育不到位，人才培养和交流力度也不足。

习近平总书记明确提出了推动长江经济带发展需要正确把握的五个关系：

第一，针对长江生态环境保护修复工作"谋一域"居多、"被动地"重点突破多，"谋全局"不足、"主动地"整体推进少的状况，要正确把握整体推进和重点突破的关系，全面做好长江生态环境保护修复工作。他指出，推动长江经济带发展，前提是坚持生态优先；要从生态系统整体性和长江流域系统性着眼，统筹山水林田湖草等生态要素，实施好生态修复和环境保护工程；要坚持整体推进，增强各项措施的关联性和耦合性，防止畸重畸轻、单兵突进、顾此失彼；要坚持重点突破，在整体推进的基础上抓主要矛盾和矛盾的主要方面，努力做到全局和局部相配套、治本和治标相结合、渐进和突破相衔接，实现整体推进和重点突破相统一。

为强调这个问题，习近平总书记还形象地借用中医的整体、辨证观点："治好'长江病'，要科学运用中医整体观，追根溯源、诊断病因、找准病根、分类施策、系统治疗"，"分类施策、重点突破，通过祛风驱寒、舒筋活血和调理脏腑、通络经脉，力求药到病除"，"做到'治未病'，让母亲河永葆生机活力"。[①]

第二，针对有的同志对生态环境保护蕴含的潜在需求认识不清晰，对这些需求可能激发出来的供给、形成的新的增长点认识不到位，对把绿水青山转化成金山银山的路径方法探索不深入的状况，要正确把握生态环境保护和经济发展的关系，探索协同推进生态优先和绿色发展新路子。他指出，推动长江经济带绿色发展，关键是要处理好绿水青山和金山银山的关系，这不仅是实现可持续发展的内在要求，而且是推进现代化建设的重大原则；生态环境保护和经济发展不是矛盾对立的关系，而是辩证统一的关系，生态环境保护的成败归根到底取决于经济结构和经济发展方式。要坚持在发展中保护、在保护中发展，不能把生态环境保护和经济发展割裂开来，更不能对立起来。

习近平总书记还深刻阐释了把握共抓大保护、不搞大开发和生态优先、绿色发展的内涵："共抓大保护和生态优先讲的是生态环境保护问题，是前提；不搞大开发和绿色发展讲的是经济发展问题，是结果；共抓大保护、不搞大开发侧重当前和策略方法；生态优先、绿色

---

① 习近平：《论坚持人与自然和谐共生》，中央文献出版社2022年版，第213页。

发展强调未来和方向路径，彼此是辩证统一的。"①

第三，正确把握总体谋划和久久为功的关系，坚定不移将一张蓝图干到底。推动长江经济带发展是一个系统工程，不可能毕其功于一役。要做好顶层设计，以钉钉子精神，脚踏实地抓成效。要深入推进《长江经济带发展规划纲要》贯彻落实，结合实施情况及国内外发展环境新变化，组织开展《长江经济带发展规划纲要》中期评估，按照新形势新要求调整完善规划内容。要对实现既定目标制定明确的时间表、路线图，稳扎稳打，分步推进。

第四，正确把握破除旧动能和培育新动能的关系，推动长江经济带建设现代化经济体系。发展动力决定发展速度、效能、可持续性。要扎实推进供给侧结构性改革，推动长江经济带发展动力转换，建设现代化经济体系。要以壮士断腕、刮骨疗伤的决心，积极稳妥腾退化解旧动能，破除无效供给，彻底摒弃以投资和要素投入为主导的老路，为新动能发展创造条件、留出空间，实现腾笼换鸟、凤凰涅槃。

习近平总书记特别指出，推动长江经济带高质量发展，建设现代化经济体系，要坚持质量第一、效益优先的要求，推动质量变革、效率变革、动力变革，加快建设实体经济、科技创新、现代金融、人力资源协同发展的产业体系，构建市场机制有效、微观主体有活力、宏观调控有度的经济体制。

第五，针对长江经济带发展无序低效竞争、产业同构等问题仍然非常突出，一些地方在实际工作中出现圈地盘、抢资源、条块分

---

① 习近平：《论坚持人与自然和谐共生》，中央文献出版社2022年版，第215页。

割、无序竞争的情况，还存在抢占发展资源、缺乏协作精神、破坏产业链条的连接和延伸等问题，要正确把握自身发展和协同发展的关系，努力将长江经济带打造成为有机融合的高效经济体。他指出，长江经济带作为流域经济，涉及水、路、港、岸、产、城等多个方面，要运用系统论的方法，正确把握自身发展和协同发展的关系；长江经济带的各个地区、每个城市在各自发展过程中一定要从整体出发，树立"一盘棋"思想，实现错位发展、协调发展、有机融合，形成整体合力。

习近平总书记还当场点出了几个需要认真研究思考的问题："比如，一直以来严重制约长江航运的三峡船闸'肠梗阻'问题，能不能从综合交通运输体系全局出发找出解决问题的有效办法？""再比如，沿江三大城市群在各自发展过程中能不能结合所在的区位条件、资源禀赋、经济基础，放在长江经济带高质量发展'一盘棋'中研究提出差异化协同发展的新目标新举措？""各大中小城市在明确自我发展定位和方向时能不能立足整个城市群的发展定位和方向，找到自己错位发展的重点方向，解决好同质化发展的问题？"[①]他还要求推动长江经济带发展领导小组要更好发挥统领作用，在生态环境、产业空间布局、港口岸线开发利用、水资源综合利用等方面明确要什么、弃什么、禁什么、干什么，在这个基础上统筹沿江各地积极性。

习近平总书记强调，有关部门和沿江省市要认真贯彻落实党中央对推动长江经济带发展的总体部署和工作安排，加强组织领导，

---

① 习近平：《论坚持人与自然和谐共生》，中央文献出版社2022年版，第220页。

调动各方力量，强化体制机制，激发内生动力，坚定信心，勇于担当，抓铁有痕、踏石留印，把工作抓实抓好，为实施好长江经济带发展战略而共同奋斗。

确保一江清水绵延后世、惠泽人民

2020年11月，自2018年4月在长江中游的湖北武汉主持召开的深入推动长江经济带发展座谈会两年多后，习近平总书记来到了长江下游的江苏南京，再次召开会议，会议名称更进一步：全面推动长江经济带发展座谈会。

这次座谈会离在重庆召开的座谈会已经过去近五年了。五年来，在以习近平同志为核心的党中央坚强领导下，沿江省市推进生态环境整治，促进经济社会发展全面绿色转型，力度之大、规模之广、影响之深，前所未有。从扎实推进八大专项行动①，2020年首次实现全流域消除劣Ⅴ类水质断面；到精准建档立卡，摸清渔船渔民底数，为实施长江"十年禁渔"打下扎实基础；再到加速破解"重化围江"难题，着力构建长江绿色生态廊道，长江经济带生态环境保护发生了转折性变化，经济社会发展取得历史性成就，人民生活水平显著提高，实现了在发展中保护、在保护中发展。

11月12日至13日，习近平总书记先后来到江苏南通、扬州等地，

---

① 八大专项行动是指沿江水体治理、长江生态修复、长江入河排污口排查整治、饮用水源地治理、长江清废、沿江化工行业整治、港口船舶污染治理、农业农村污染治理。

深入长江和运河岸线、水利枢纽、文物保护单位等进行调研。在南通五山地区滨江片区调研时，他对长江禁捕退捕工作十分关心。当地有关负责同志向习近平总书记汇报说，2019年年底，全市368名长江渔民全部退出长江捕捞，政府多措并举帮助他们转岗再就业，有的捕鱼人上岸成了护渔人。习近平总书记点头表示肯定："长江'十年禁渔'是一个战略性举措，主要还是为了恢复长江的生态。10年后我们再看效果。"①

位于扬州城南的运河三湾生态文化公园，从20世纪五六十年代起，这片区域聚集了大量农药厂、制药厂、染化厂等企业，环境污染严重。如今，这里不仅依托古运河遗址布局了非遗街区，还有文创产业区、科创产业区，大运河博物馆也即将开馆，经济的转型升级、文化的保护传承、生态的保护修复，在这里产生了叠加效应。习近平总书记对这种算经济社会"整体账"的做法表示肯定："生态文明建设，是'五位一体'总体布局的重要组成部分，是新发展理念的重要方面。搞好生态文明，不仅关系经济社会发展，也直接关系人民群众生活幸福，关系青少年健康成长，是广大人民群众的共识和呼声。"②

2020年11月14日，习近平总书记在江苏南京主持召开全面推动长江经济带发展座谈会。座谈会上，大家反映，五年来，在党中央坚强领导下，沿江省市把修复长江生态环境摆在压倒性位置，促进经

---

① 《万里长江绘宏图——习近平总书记沪苏纪行》，《人民日报》2020年11月16日。

② 《万里长江绘宏图——习近平总书记沪苏纪行》，《人民日报》2020年11月16日。

济社会发展全面绿色转型,力度之大、规模之广、影响之深,前所未有。同时,共抓大保护不仅没有影响发展速度,还提升了长江经济带对全国经济高质量发展的支撑带动作用。

习近平总书记指出:"这充分说明,党中央的决策是正确的。生态环境保护和经济发展不是矛盾对立的关系,而是辩证统一的关系。只有把绿色发展的底色铺好,才会有今后发展的高歌猛进。"①

在发言中,大家也表示,长江大保护仍然存在许多问题,面临许多新的挑战:"有的地方农业种植、养殖、城市初期雨水等面源污染已上升为主要矛盾","一些地方湿地萎缩,水生态系统失衡,重点湖泊蓝藻水华居高不下","小流域水污染治理相对滞后、污染物偷排漏排超排时有发生",等等。②

习近平总书记说:"我们要清醒看到,当前取得的成效只是初步的、阶段性的,尚未实现量变到质变的飞跃。要有历史责任感,做好打持久战的准备。"③

在听取大家发言后,习近平总书记发表了重要讲话,提出推动长江经济带高质量发展的五项任务,赋予长江经济带"谱写生态优先绿色发展新篇章,打造区域协调发展新样板,构筑高水平对外开放新高

---

① 汪晓东等:《让绿水青山造福人民泽被子孙——习近平总书记关于生态文明建设重要论述综述》,《人民日报》2021年6月3日。
② 《万里长江绘宏图——习近平总书记沪苏纪行》,《人民日报》2020年11月16日。
③ 《万里长江绘宏图——习近平总书记沪苏纪行》,《人民日报》2020年11月16日。

地，塑造创新驱动发展新优势，绘就山水人城和谐相融新画卷，成为我国生态优先绿色发展主战场、畅通国内国际双循环主动脉、引领经济高质量发展主力军"的新的历史使命。

谈到加强生态环境系统保护修复，习近平总书记强调，要从生态系统整体性和流域系统性出发，追根溯源、系统治疗，防止头痛医头、脚痛医脚。他举例说，遏制长江江豚种群数量大幅下降趋势，要靠长江生态系统的整体修复。他指出，要加强协同联动，强化山水林田湖草等各种生态要素的协同治理，推动上中下游地区的互动协作，增强各项举措的关联性和耦合性；要注重整体推进，在重点突破的同时，加强综合治理系统性和整体性，防止畸重畸轻、单兵突进、顾此失彼；要在严格保护生态环境的前提下，全面提高资源利用效率，加快推动绿色低碳发展，努力建设人与自然和谐共生的绿色发展示范带；要把修复长江生态环境摆在压倒性位置，构建综合治理新体系，统筹考虑水环境、水生态、水资源、水安全、水文化和岸线等多方面的有机联系，推进长江上中下游、江河湖库、左右岸、干支流协同治理，改善长江生态环境和水域生态功能，提升生态系统质量和稳定性；要强化国土空间管控和负面清单管理，严守生态红线，持续开展生态修复和环境污染治理工程，保持长江生态原真性和完整性；要加快建立生态产品价值实现机制，让保护修复生态环境获得合理回报，让破坏生态环境付出相应代价；要健全长江水灾害监测预警、灾害防治、应急救援体系，推进河道综合治理和堤岸加固，建设安澜长江。

谈到推进畅通国内大循环，习近平总书记强调，要坚持全国一盘棋思想，在全国发展大局中明确自我发展定位，探索有利于推进畅通国内大循环的有效途径。他特别强调，不能搞封闭的内循环，更不能搞省内、市内、县内的小循环。谈推进上中下游协同联动发展，习近平总书记说，要引导下游地区资金、技术、劳动密集型产业向中上游地区有序转移，下游省份搞产业升级"腾笼换鸟"，不能把"好鸟"换进来，却把"坏鸟"换到中上游省份去。他还指出，要推进以人为核心的新型城镇化，处理好中心城市和区域发展的关系，推进以县城为重要载体的城镇化建设，促进城乡融合发展；要增强城市防洪排涝能力；要提升人民生活品质，巩固提升脱贫攻坚成果，加强同乡村振兴有效衔接；要提高人民收入水平，加大就业、教育、社保、医疗投入力度，促进便利共享，扎实推动共同富裕；要构建统一开放有序的运输市场，优化调整运输结构，创新运输组织模式。

谈到构筑高水平对外开放新高地，习近平总书记强调，要统筹沿海沿江沿边和内陆开放，加快培育更多内陆开放高地，提升沿边开放水平，实现高质量引进来和高水平走出去，推动贸易创新发展，更高质量利用外资。他指出，要加快推进规则标准等制度型开放，完善自由贸易试验区布局，建设更高水平开放型经济新体制；要把握好开放和安全的关系，织密织牢开放安全网；沿江省市要在国内国际双循环相互促进的新发展格局中找准各自定位，主动向全球开放市场；要推动长江经济带发展和共建"一带一路"的融合，加快长江经济带上的"一带一路"战略支点建设，扩大投资和贸易，促进人文交流和民心相通。

谈到加快产业基础高级化、产业链现代化，习近平总书记强调，要勇于创新，坚持把经济发展的着力点放在实体经济上，围绕产业基础高级化、产业链现代化，发挥协同联动的整体优势，全面塑造创新驱动发展新优势。他指出，要建立促进产学研有效衔接、跨区域通力合作的体制机制，加紧布局一批重大创新平台，加快突破一批关键核心技术，强化关键环节、关键领域、关键产品的保障能力；要推动科技创新中心和综合性国家实验室建设，提升原始创新能力和水平；要强化企业创新主体地位，打造有国际竞争力的先进制造业集群，打造自主可控、安全高效并为全国服务的产业链供应链；要激发各类主体活力，破除制约要素自由流动的制度藩篱，推动科技成果转化；要高度重视粮食安全问题。

谈到保护传承弘扬长江文化，习近平总书记强调，长江造就了从巴山蜀水到江南水乡的千年文脉，是中华民族的代表性符号和中华文明的标志性象征，是涵养社会主义核心价值观的重要源泉。他指出，要把长江文化保护好、传承好、弘扬好，延续历史文脉，坚定文化自信；要保护好长江文物和文化遗产，深入研究长江文化内涵，推动优秀传统文化创造性转化、创新性发展；要将长江的历史文化、山水文化与城乡发展相融合，突出地方特色，更多采用"微改造"的"绣花"功夫，对历史文化街区进行修复。

习近平总书记强调，各级党委和政府领导同志特别是党政一把手要坚决落实党中央关于长江经济带发展的决策部署，坚定信心，勇于担当，抓铁有痕，踏石留印，切实把工作抓实抓好、抓出成效；要围绕当前制约长江经济带发展的热点、难点、痛点问题开展深入研究，摸清真实情况，找准问题症结，提出应对之策；中央企业、社会组织要积极参与长江经济带发展，加大人力、物力、财力等方面的投入，形成全社会共同推动长江经济带发展的良好氛围。

从上游重庆到中游武汉，再到下游南京；从"推动"到"深入推动"，再到"全面推动"，长江经济带发展这一国家重大区域发展战略的顶层规划一天天清晰起来，各项要求一步步得到落实推进。长江经济带发展战略实施以来，坚持共抓大保护、不搞大开发，生态环境系统保护修复成效明显，发生了转折性变化，长江干流全线达到Ⅱ类水质。经济发展质量不断提高，实现了在发展中保护、在保护中发展。下一步，要继续牢牢把握共抓大保护、不搞大开发的战略导向，继续聚焦重点难点问题，深入推进污染治理"4+1"工程，持续巩固长江禁捕和退捕渔民安置保障工作成果，积极构建生态产品价值实现机制政策制度体系，建立长江流域协调机制和水生态考核机制。要加快长江黄金水道建设，推进航道、船舶、港口和通关管理"四个标准化"，完善综合交通运输体系，建设沿江高铁，大力发展多式联运。

根据《长江经济带发展规划纲要》提出的发展目标，到2030年，水环境和水生态质量全面改善，生态系统功能显著增强，水脉畅通、功能完备的长江全流域黄金水道全面建成，创新型现代产业体系全面建立，上中下游一体化发展格局全面形成，生态环境更加美好、经济发展更具活力、人民生活更加殷实，在全国经济社会发展中发挥更加重要的示范引领和战略支撑作用。

只要拿出"功成不必在我"的精神境界和"功成必定有我"的历史担当，保持历史耐心和战略定力，一张蓝图绘到底，一茬接着一茬干，就能确保一江清水绵延后世、惠泽人民！

第四章
积极稳妥推进粤港澳大湾区建设

——建设富有活力和国际竞争力的一流湾区
和世界级城市群

要全面准确贯彻"一国两制"方针，严格依照宪法和基本法办事，全面推进内地与香港、澳门互利合作，支持香港、澳门融入国家发展大局，把粤港澳大湾区建设成为扎实推进高质量发展的示范，打造国际一流湾区和世界级城市群。

——习近平

推进粤港澳大湾区建设,是以习近平同志为核心的党中央作出的重大决策,是习近平总书记亲自谋划、亲自部署、亲自推动的国家战略,是新时代推动形成全面开放新格局的新举措,也是推动"一国两制"事业发展的新实践。其战略定位是坚守"一国"之本,善用"两制"之利,建成充满活力的世界级城市群、具有全球影响力的国际科技创新中心、"一带一路"建设的重要支撑、内地与港澳深度合作的示范区、宜居宜业宜游的优质生活圈。

支持港澳融入国家发展大局

湾区,既是地理概念,也是经济现象。著名的纽约湾区、旧金山湾区、东京湾区,都是带动全球经济发展的重要增长极和引领技术变革的领头羊。我国的粤港澳大湾区包括香港特别行政区、澳门特别行政区和广东省的广州市、深圳市、珠海市、佛山市、惠州市、中山市、东莞市、江门市、肇庆市(珠三角九市),总面积5.6万平方公里,在国家发展大局中具有重要战略地位。在世界夜景卫星图上,从广州到深圳再延伸至香港、澳门,是灯光最璀璨的区域之一。

粤港澳大湾区是中国改革开放得风气之先的地方,历经几十年的快速发展,尤其是香港、澳门回归祖国后,粤港澳合作不断扩大深化,累积了雄厚经济实力,成为开放程度最高、经济活力最强的区域之一。截至2017年年底,粤港澳大湾区总人口约7000万,GDP超过10万亿元,人均GDP 14.7万元。这一区域坐拥明显区位优势,创新要素集聚、国际化水平领先,已具备建成国际一流湾区和世界级城市群的基础条件。

同时,粤港澳大湾区发展也面临诸多挑战。当前,世界经济不确定不稳定因素增多,保护主义倾向抬头,大湾区经济运行仍存在产能过剩、供给与需求结构不平衡不匹配等突出矛盾和问题,经济增长内生动力有待增强。在"一国两制"下,粤港澳社会制度不同,法律制度不同,分属于不同关税区域,市场互联互通水平有待进一步提升,生产要素高效便捷流动的良好局面尚未形成。大湾区内部发展差距依然较大,协同性、包容性有待加强,部分地区和领域还存在同质化竞争和资源错配现象。香港经济增长缺乏持续稳固支撑,澳门经济结构相对单一、发展资源有限,珠三角九市市场经济体制有待完善。区域发展空间面临瓶颈制约,资源能源约束趋紧,生态环境压力日益增大,人口红利逐步减退。① 粤港澳大湾区面临提升国际竞争力、实现转型发展、创新合作发展体制机制等新机遇,破解供求结构、经济增长内生动力、生产要素高效便捷流动、生态环境等发展难题。

实施粤港澳大湾区建设,正是以习近平同志为核心的党中央立足全局和长远作出的重大谋划,是中央支持香港、澳门融入国家发展大局的重要举措,有利于深化内地和港澳交流合作,对港澳参与国家发展战略,提升竞争力,保持长期繁荣稳定具有重要意义。

习近平任职福建、浙江期间曾多次到访香港和澳门,对这两块土地怀有深深的感情。到中央工作后,他负责中央港澳事务协调工作,对香港、澳门情况了解更加深入。担任中共中央总书记后,习近平始

---

① 参见《粤港澳大湾区发展规划纲要》,《人民日报》2019年2月19日。

终心系香港、澳门发展和港澳同胞的利益福祉。

早在2008年7月,时任中共中央政治局常委、中央书记处书记、国家副主席的习近平在广东考察工作时,就深刻阐述了推动粤港澳互利合作的重要意义、指导方针和实施重点。他指出,深化粤港澳合作,促进港澳经济发展,对于保持港澳长期繁荣稳定,彰显"一国两制"的成功实践,最终实现祖国统一大业,具有重要意义;广东要充分发挥独特的地理优势和与港澳经贸联系紧密等优势,坚持按照"一国两制"方针和香港、澳门两个特别行政区基本法办事,相互尊重、互利互惠,进一步加大粤港澳合作力度,提高合作水平,开创粤港澳合作新局面,为香港、澳门长期繁荣稳定作出新的更大贡献;要按照突出重点、先易后难、分步实施的原则,务实推进粤港澳合作。①

2012年12月,刚当选为中共中央总书记的习近平在党的十八大后首次离京考察就来到广东。他指出,希望广东积极发挥经济特区的带动作用,落实好粤港、粤澳合作框架协议,联手港澳打造更具综合竞争力的世界级城市群。②

2014年12月,习近平总书记出席澳门回归祖国15周年庆典,宣布中央将启动澳门习惯水域管理范围的相关工作。一年后,国务院常务会议通过《中华人民共和国澳门特别行政区行政区域图(草案)》。澳门可依法管理85平方公里水域,相关陆界得以明晰,区域面积扩展数倍,由此开启向海而兴的历史新页。

---

① 习近平在广东考察工作时的讲话,《人民日报》2008年7月6日。
② 《宣示改革开放的坚定决心——习近平考察广东纪实》,《商周刊》2012年第26期。

2017年6月29日至7月1日，习近平总书记莅临香港，出席庆祝香港回归祖国20周年大会暨香港特别行政区第五届政府就职典礼并对香港特别行政区进行视察。党的十八大以来，中央从国家层面整体考量，给香港长远发展带来源源不断的动力，激发香港聚焦"国家所需、香港所长"，开启新一轮发展进程。在这次视察中，习近平总书记再一次强调中央支持香港在推进"一带一路"建设、粤港澳大湾区建设、人民币国际化等重大发展战略中发挥优势和作用。

7月1日上午，在习近平总书记见证下，《深化粤港澳合作 推进大湾区建设框架协议》正式签署。按照协议，粤港澳三地将在中央有关部门支持下，完善创新合作机制，促进互利共赢合作关系，共同将粤港澳大湾区建设成为更具活力的经济区、宜居宜业宜游的优质生活圈和内地与港澳深度合作的示范区，打造国际一流湾区和世界级城市群。备受期待的粤港澳大湾区建设迈出实质一步。

2017年10月，党的十九大报告提出，要支持香港、澳门融入国家发展大局，以粤港澳大湾区建设、粤港澳合作、泛珠三角区域合作等为重点，全面推进内地同香港、澳门互利合作，制定完善便利香港、澳门居民在内地发展的政策措施。这是党从国家发展战略高度，首次在全国代表大会报告中指出港澳融入国家发展大局，为香港、澳门谋划发展和保持长期繁荣稳定指明了方向和路径。

党的十九大后，香港、澳门融入国家发展大局的进程明显加快，粤港澳大湾区建设推进到新阶段。习近平总书记提出，"要抓住建设粤港澳大湾区重大机遇，携手港澳加快推进相关工作，打造国际一流湾区和世界级城市群"①。

2017年12月18日,习近平总书记在中央经济工作会议上指出,粤港澳大湾区建设要科学规划,加快建立协调机制。他高度重视粤港澳大湾区规划工作,要求提高规划建设顶层设计水平。他多次就推进粤港澳大湾区建设作出指示,并强调,要"充分发挥市场在资源配置中的决定性作用";"在促进双向投资、推动贸易便利化、构建新型合作模式、搭建多元合作平台等方面积极探索";"建设好大湾区,关键在创新"。② 这成为科学编制规划、精心组织实施的行动指南。

2018年5月10日、5月31日,习近平总书记先后主持召开中央政治局常委会会议和中央政治局会议,对规划纲要进行审议。

2018年7月,中共中央、国务院印发《粤港澳大湾区发展规划纲要》。2019年2月18日,《粤港澳大湾区发展规划纲要》正式公开发布。该规划纲要对粤港澳大湾区的战略定位、发展目标、空间布局等作了全面规划,涉及国际科技创新中心建设、基础设施互联互通、现代产业体系构建、生态环境保护、优质生活圈建设等多个方面。该规划纲要近期至2022年,远期展望到2035年,是指导粤港澳大湾区合作发展的纲领性文件。

该规划纲要提出大湾区的空间布局是坚持极点带动、轴带支撑、辐射周边,推动大中小城市合理分工、功能互补,进一步提高区域发

---

① 习近平在参加十三届全国人大一次会议广东代表团审议时的讲话,《人民日报》2018年3月8日。
② 《着眼发展大局,共享时代荣光——以习近平同志为核心的党中央关心粤港澳大湾区建设纪实》,《人民日报》2019年2月22日。

展协调性，促进城乡融合发展，构建结构科学、集约高效的大湾区发展格局。

该规划纲要提出以香港、澳门、广州、深圳四大中心城市作为区域发展的核心引擎，继续发挥比较优势做优做强，增强对周边区域发展的辐射带动作用。该规划纲要明确了四个中心城市的不同定位：香港的定位是要巩固和提升国际金融、航运、贸易中心和国际航空枢纽地位，强化全球离岸人民币业务枢纽地位、国际资产管理中心及风险管理中心功能，建设亚太区国际法律及争议解决服务中心，打造更具竞争力的国际大都会；澳门的定位是要建设世界旅游休闲中心、中国与葡语国家商贸合作服务平台，打造以中华文化为主流、多元文化共存的交流合作基地；广州的定位是要全面增强国际商贸中心、综合交通枢纽功能，培育提升科技教育文化中心功能，着力建设国际大都市；深圳的定位是要加快建成现代化国际化城市，努力成为具有世界影响力的创新创意之都。四大中心城市合理分工、形成合力，而珠海、佛山、惠州、东莞、中山、江门、肇庆等重要节点城市则错位发展、功能互补。

该规划纲要提出要辐射带动泛珠三角区域发展，发挥粤港澳大湾区辐射引领作用，统筹珠三角九市与粤东西北地区生产力布局，带动周边地区加快发展。构建以粤港澳大湾区为龙头，以珠江—西江经济带为腹地，带动中南、西南地区发展，辐射东南亚、南亚的重要经济支撑带。完善大湾区至泛珠三角区域其他省区的交通网络，深化区域合作，有序发展"飞地经济"，促进泛珠三角区域要素流动和产业转移，形成梯度发展、分工合理、优势互补的产业协作体系。依托沿海铁路、高等级公路和重要港口，实现粤港澳大湾区与海峡西岸城市群和北部湾城市群联动发展。依托高速铁路、干线铁路和高速公路等交通通道，深化大湾区与中南地区和长江中游地区的合作交流，加强大湾区对西南地区的辐射带动作用。以《粤港澳大湾区发展规划纲要》的颁布为标志，粤港澳大湾区建设作为国家重大发展战略，进入全面实施的新阶段。

2018年8月，粤港澳大湾区建设领导小组第一次全体会议召开，时任香港特别行政区行政长官林郑月娥、时任澳门特别行政区行政长官崔世安均担任小组成员。这是香港、澳门行政长官首次被纳入中央层面领导小组。会议强调，要从实现中华民族伟大复兴的战略高度深刻认识大湾区建设的重大意义，全面准确贯彻"一国两制"方针，坚持新发展理念，充分发挥粤港澳综合优势，建设富有活力和国际竞争力的一流湾区和世界级城市群，打造高质量发展的典范。

10月，习近平总书记再次踏上广东这片热土。他强调，要把粤港澳大湾区建设作为广东改革开放的大机遇、大文章，抓紧抓实办好。

11月，习近平总书记在北京会见香港澳门各界庆祝国家改革开放40周年访问团时强调，希望香港、澳门继续带头并带动资本、技术、人才等参与国家经济高质量发展和新一轮高水平开放。他还就青年发展问题指出，要为港澳青年发展多搭台、多搭梯，帮助青年解决在学业、就业、创业等方面遇到的实际困难和问题，创造有利于青年成就人生梦想的社会环境。

2020年10月14日，深圳经济特区建立40周年庆祝大会在深圳举行。习近平总书记在讲话中强调，要积极作为深入推进粤港澳大湾区建设。他指出，要抓住粤港澳大湾区建设重大历史机遇，推动三地经济运行的规则衔接、机制对接，加快粤港澳大湾区城际铁路建设，促进人员、货物等各类要素高效便捷流动，提升市场一体化水平；要深化前海深港现代服务业合作区改革开放，规划建设好河套深港科技创新合作区，加快横琴粤澳深度合作区建设；要以大湾区综合性国家科学中心先行启动区建设为抓手，加强与港澳创新资源协同配合；要继续鼓励引导港澳台同胞和海外侨胞充分发挥投资兴业、双向开放的重要作用，在经济特区发展中作出新贡献；要充分运用粤港澳重大合作平台，吸引更多港澳青少年来内地学习、就业、生活，促进粤港澳青少年广泛交往、全面交流、深度交融，增强对祖国的向心力。[①]

建设粤港澳大湾区，有效地引导了三地立足自身优势，加强政策联动和制度创新，对促进区域协调发展，保持香港澳门长期繁荣稳定，具有重大现实意义和历史意义。

大力推进基础设施互联互通

港珠澳大桥、广深港高铁、新横琴口岸、莲塘/香园围口岸、粤澳新通道（青茂口岸）等大型跨境基础设施的建设，加强了粤港澳之间的联系，为香港、澳门更好融入国家发展大局提供了有利条件。

2018年9月，广深港高铁香港段正式开通运营，实现了香港与内地高铁网络的互联互通。广深港高铁在香港西九龙口岸实行"一地两检"通关查验模式。港珠澳大桥是连接香港、珠海和澳门的超大型

---

① 参见《十九大以来重要文献选编》（中），中央文献出版社2021年版。

跨海通道，也是世界上最长的跨海大桥，总长55公里。10月，港珠澳大桥通车，进一步完善了国家特别是粤港澳三地的综合运输体系及高速公路网络。港珠澳大桥珠澳口岸人工岛的旅检大楼，是目前内地唯一的三地互通边检口岸。这两项创新之举不仅提高了通关便利化水平，更丰富了"一国两制"实践，为内地同港澳深化合作，尤其是对粤港澳大湾区的创新实践提供了有益借鉴。此外，内地与香港连接的莲塘/香园围口岸、与澳门连接的粤澳新通道，建设的步伐也都大大加快。这些跨境基建项目的建设，加强了粤港澳之间的联系，进一步拉近粤港澳合作距离，对于推进粤港澳大湾区建设具有重大意义。

作为大湾区建设的代表性工程，港珠澳大桥是中央支持香港、澳门和珠三角区域更好发展的一项重大举措，是"一国两制"下粤港澳密切合作的重大成果，为大湾区基础设施互联互通树立了典范。它寄托着一个梦想。多年来，作为全球重要的金融、贸易与航运中心，香港受到土地和资源的制约越来越严重，向珠江西岸产业转移势在必行；作为世界著名的旅游文化城市，澳门迫切需要连接珠海和香港，以改变交通末端的状况；作为产业承接地的珠三角内地城市群则需要缩短与港澳的运输时间，以更好地带动经济发展。1983年，香港实业家胡应湘曾提出大胆设想："如果在珠江口建一座穿越伶仃洋、连接珠江东西两岸的跨海大桥，可以打开珠江西岸制造业的出海口，也能让香港繁荣的商业辐射到这里。"[①]土木工程专业出身的他借鉴美国经验，

---

① 陈键兴等：《一桥越沧海——写在港珠澳大桥开通之际》，《人民日报》2018年10月24日。

画出了大桥草图。但那时的中国，能否修建跨径400米的桥梁，尚在争论。改革开放以波澜壮阔之势，给中国带来了沧桑巨变，将多少曾经不敢想不可及的梦想变为了现实。进入新世纪以来，东海大桥、杭州湾跨海大桥、舟山连岛工程、胶州湾大桥、厦漳跨海大桥等一座座海上巨龙横空出世。香港、澳门回归祖国后，与内地的联系更加紧密。不但香港各界重提"大桥动议"，亟待实现经济适度多元发展的澳门也强烈要求加入"大桥家族"，升级版的港珠澳大桥构想应运而生。

港珠澳大桥是国家工程、国之重器。2003年8月，港珠澳大桥前期工作协调小组成立。2004年3月，协调小组办公室成立。2005年4月，港珠澳大桥桥位技术方案论证会在珠海结束，大桥落脚点得以确定。2007年1月，国务院决定由国家发展改革委牵头成立"港珠澳大桥专责小组"，协调各方，推动解决口岸设置、投融资安排、通航与锚地、中华白海豚保护等方面的难题。2009年12月15日，经过25年酝酿、6年筹备，港珠澳大桥正式破土动工。这是继三峡工程、青藏铁路、京沪高铁之后，我国又一项超大工程，也是当今世界同类工程中技术难度最大的工程。

党的十八大以来，以习近平同志为核心的党中央对港珠澳大桥建设给予更高要求与期待。2017年7月1日，出席庆祝香港回归祖国20周年大会的习近平总书记，在同前来出席庆祝活动的澳门特别行政区行政长官崔世安会面时，关心地问："是坐船过来的吗？"崔世安回答："是的，坐船要一个多小时。"习近平总书记说："等港珠澳大桥修好了，可以缩短到半个小时了。"①临近中午，习近平总书记专程来到港珠澳大桥香港段建设工地考察工程进展情况。他指出，建设港珠澳大桥是中央支持香港、澳门和珠三角区域更好发展的一项重大举措，是"一国两制"下粤港澳密切合作的重大成果。希望大家积极推进后续工作，确保大桥顺利通车、安全运行。

2018年10月23日上午，世人瞩目的港珠澳大桥开通仪式在广东省珠海市举行。中共中央总书记、国家主席、中央军委主席习近平出席仪式。开通仪式结束后，习近平总书记等乘车从珠海口岸旅检大楼出发巡览港珠澳大桥。东人工岛位于港珠澳大桥水上桥梁和水下隧道的衔接部分，是大桥建设中的关键节点工程。习近平总书记等乘车来到这里，登上西侧平台眺望大桥，结合图片、模型详细了解大桥建设情况，并会见了大桥管理和施工等方面的代表，同他们一一握手、亲切交谈。

习近平总书记指出，港珠澳大桥的建设创下多项世界之最，非常了不起，体现了一个国家逢山开路、遇水架桥的奋斗精神，体现了我国综合国力、自主创新能力，体现了勇创世界一流的民族志气。这是一座圆梦桥、同心桥、自信桥、复兴桥。大桥建成通车，进一步坚定了我们对中国特色社会主义的道路自信、理论自信、制度自信、文化自信，充分说明社会主义是干出来的，新时代也是干出来的！

2018年10月24日，经过近九年的建设，港珠澳大桥正式开通

---

① 霍小光等：《"香港发展一直牵动着我的心"——习近平主席视察香港特别行政区纪实》，《人民日报》2017年7月2日。

运营。它总长约55公里，是"一国两制"下粤港澳三地首次合作共建的超大型跨海交通工程。这是世界总体跨度最长、钢结构桥体最长、海底沉管隧道最长的跨海大桥，也是公路建设史上技术最复杂、施工难度最高、工程规模最庞大的桥梁。大桥在设计理念、建造技术、施工组织、管理模式等方面进行一系列创新，标志着我国隧岛桥设计施工管理水平走在了世界前列。港珠澳大桥建成开通，让港澳正式接入国家高速公路网，打通了整个粤港澳大湾区的道路交通网，真正意义上形成了环珠江口轴线的三角形，有利于三地人员交流和经贸往来，有利于提升珠三角地区综合竞争力，对于支持香港、澳门融入国家发展大局，全面推进内地、香港、澳门互利合作具有重大意义。

对粤港澳大湾区来说，港珠澳大桥的开通，为大湾区建设疏通了"主动脉"，为将大湾区建设成为更具活力的经济区域打开了无限可能。一直以来，珠江西岸与香港之间因伶仃洋相隔，缺少直接的陆路通道，只能走海运或绕行珠江东岸。大桥的建成通车，让珠江西岸与香港首次实现直接陆路相连。交通效率的变化，引起时空的变化。以前，从珠海、澳门到香港，陆路车程需要三个小时之久，如今只需不到一个小时。港珠澳大桥的开通，极大便利了三地之间的交通往来，也拉近了三地市民的距离。从此，往来粤港澳将如走街串巷般方便，"大湾区时代"加速到来。

港珠澳大桥的开通，更将为大湾区成长为中国经济新的增长极提供重要支撑。港珠澳大桥未开通之前，由于珠江口的天然阻隔和跨江通道不足，香港对珠江西岸的产业辐射能力有限，珠江东西两岸经济发展存在失衡，甚至有人因此感叹，"珠江口上烟波愁"。而大桥开通后,香港的经济辐射范围,将从原先的向北、向东,进一步向西延伸。就广东而言,港珠澳大桥的开通,将加快香港的金融资本、人才和先进经验向珠江西岸集聚,让珠江东、西两岸的经济发展更加平衡;而就香港、澳门而言,与内地的联通,不仅为港澳拓展了发展空间,也为抢抓"一带一路"建设机遇、融入国家发展大局,提供了重要契机。

2020年8月,横琴口岸新旅检区域(新横琴口岸)开通仪式举行,标志着粤港澳大湾区一条新通道投入使用。作为粤港澳大湾区建设的标杆工程,继港珠澳大桥口岸之后,横琴口岸也采用"合作查验、一次放行"的新型通关查验模式,使粤澳通关从"两地两检"变成"一地两检",从"中间摆渡""两上两下"变成最快五秒通关,粤澳日通行能力从75万人次提升到90万人次,大大提升通关效率,改善通关体验。

同月,深港间第七座陆路口岸——莲塘/香园围口岸——正式开通,粤港澳大湾区再添一条物流大通道。口岸实行"两地两检"和车辆"一站式"查验通关模式,设计日通关能力为旅客3万人次、车辆1.785万辆次。

粤澳新通道、皇岗口岸重建等项目也在加快推进。预计2024年,继港珠澳大桥之后又一个连通珠江口东西两岸的重大工程、长约24公里的深圳至中山跨江通道也将建成通车。

当下,大湾区正在加速构建A字形交通主骨架,打造以高铁、城际铁路、高速公路等为主体的多层次快速交通体系,全面实现广佛、深港、珠澳三极之间一小时左右通达,三分之二的出入境旅客通过自助方式通关、基本实现排队不超过30分钟。基础设施"硬联通"和机制"软联通",加速粤港澳大湾区人员、货物、资金、信息等要素便捷、高效流动,助力实现"一个国家、两种制度、三个关税区、三种货币"的大合唱。

扎实推进重大合作平台建设

为拓展港澳发展空间,推动公共服务合作共享,引领带动粤港澳全面合作,党和国家大力推进深圳前海、珠海横琴、广州南沙等粤港澳重大合作平台的建设,丰富了新时代"一国两制"实践的内涵,为谱写"一国两制"新篇章提供了重要机遇和强大动力。

开发建设前海深港现代服务业合作区,是支持香港经济社会发展、提升粤港澳合作水平、构建对外开放新格局的重要举措,对推进粤港澳大湾区建设、支持深圳建设中国特色社会主义先行示范区、增强香港同胞对祖国的向心力具有重要意义。

2010年1月9日,时任中共中央政治局常委、国家副主席的习近平在一份关于对深港合作开发前海地区的意见上作出批示。4月7日,广东省人民政府和香港特别行政区政府在北京签署《粤港合作框架协议》,习近平出席签署仪式。8月26日,国务院批复《前海深港现代服务业合作区总体发展规划》。从此,这块全新的填海区域拥有了自己的名字。

担任中共中央总书记后,习近平三赴前海,亲自为合作区建设把脉定向。

2012年12月7日,习近平总书记首次离京考察,第一站就来到这里，并深情寄语前海："精耕细作，精雕细琢，一年一个样，一张白纸，从零开始，画出最美最好的图画。"①

2014年3月全国两会期间，习近平总书记在参加广东代表团审议时强调，前海要增强与香港发展的关联度，为香港发展扩大空间，为香港的结构优化发挥杠杆作用。

2018年10月，在中国迎来改革开放40周年之际，习近平总书记再次来到前海。昔日滩涂，如今已是树影婆娑、绿草如茵、高楼林立。在前海石前，习近平总书记同前海建设者和见证者代表共话沧桑巨变。他深有感触地说，发展这么快，说明前海的模式是可行的，要研究出一批可复制可推广的经验，向全国推广。习近平总书记指示，深圳要扎实推进前海建设，拿出更多务实创新的改革举措，探索更多可复制可推广的经验，深化深港合作，相互借助、相得益彰，在共建"一带一路"、推进粤港澳大湾区建设、高水平参与国际合作方面发挥更大作用。

2019年8月，《关于支持深圳建设中国特色社会主义先行示范区的意见》发布，要求进一步深化前海深港现代服务业合作区改革开放，以制度创新为核心，不断提升对港澳开放水平。

2020年10月14日，深圳经济特区建立40周年庆祝大会隆重举行，选址前海国际会议中心。习近平总书记第三次亲临前海，他指出，党中央对深圳改革开放、创新发展寄予厚望。谈及积极作为深入

---

① 徐金鹏等：《风好再扬帆——以习近平同志为核心的党中央关心前海深港现代服务业合作区建设纪实》，《人民日报》2021年9月12日。

推进粤港澳大湾区建设时,他强调要深化前海深港现代服务业合作区改革开放。

2021年2月,习近平总书记在经粤港澳大湾区建设领导小组审议后呈报国务院的《全面深化前海深港现代服务业合作区改革开放方案》上圈阅,并于3月方案提请中央全面深化改革委员会传签审批时,再次作出重要批示。

4月,习近平总书记主持召开中央政治局常委会会议,研究审议方案。会上,他作出明确要求,强调前海的发展有利于促进粤港、深港合作,推动香港更好融入国家发展大局,也有利于打造改革开放新高地,为全国其他地区提供经验示范。

9月,中共中央、国务院印发《全面深化前海深港现代服务业合作区改革开放方案》。该方案以"扩区"和深化改革、扩大开放为主题,部署了三个方面的任务:

一是拓展前海合作区发展空间。明确将前海合作区总面积由14.92平方公里扩展到120.56平方公里,并且按程序将相关支持政策覆盖到扩区后的全部区域。

二是打造全面深化改革创新试验平台。明确在重大改革任务方面先行先试,提出了推进现代服务业创新发展、加快科技发展体制机制改革创新等多项任务。

三是建设高水平对外开放的门户枢纽。明确建立健全更高层次的开放型经济新体制,在深化与港澳服务贸易自由化、扩大金融业对外开放等方面提出了有力举措。

按照方案,"扩区"后的前海具备空港枢纽、海港枢纽、会展商务、现代服务等国际湾区核心发展要素，体现了前海合作区依托香港、服务内地、面向世界的定位。其中，方案特别强调推进与港澳规则衔接、机制对接，丰富协同协调发展模式，并围绕现代服务业创新发展、打造国际一流营商环境、深化与港澳服务贸易自由化、扩大金融业对外开放、提升法律事务对外开放水平等方面提出了一系列具体举措。这些体现了中央对香港长期繁荣稳定和民生福祉的高度重视，彰显了香港在高质量建设粤港澳大湾区中所具有的突出优势，必将为香港发展拓展新空间、注入新动能、提供新机遇。

当前，勇立改革开放潮头的深圳前海已取得显著成效，集聚了一批香港现代服务业企业，形成了一批制度创新成果，出台了一批便利香港居民生活就业的措施。截至 2021 年 5 月中旬，深港现代服务业合作区内，43.2% 的土地面向港企出让，已累计注册港资企业 1.14 万家。其中，深港青年梦工场、深港设计创意产业园、深港创新中心等重大项目和平台，吸引了大批港澳青年来此创业发展。

横琴新区是促进澳门经济适度多元发展的重要平台。澳门回归祖国以来经济社会快速发展，但一些长期积累的问题和矛盾也逐步显现，突出体现在博彩业"一业独大"，经济适度多元进展缓慢。博彩业一方面拉动澳门经济高速增长，也是特别行政区政府主要收入来源；另一方面占用了大量土地、人力、资金等要素资源，对其他行业形成明显的"挤压"效应，致使澳门经济多元发展内生动力不足，抗风险能力较差。鉴于过度依赖博彩业存在巨大隐患，澳门社会各界对经济适度多元发展已形成较强的社会共识。

为了给澳门产业多元发展创造条件，2009 年党中央、国务院决定开发横琴岛。2012年7月，国务院批准横琴岛实行比经济特区更特殊的优惠政策。横琴地处广东珠海南端，总面积约106平方公里，与澳门一水一桥之隔，具有粤澳合作的先天优势。多年来，在各方共同努力下，横琴经济社会发展取得显著成绩，基础设施逐步完善，制度创新深入推进，对外开放水平不断提高，地区生产总值和财政收入快速增长。同时，横琴实体经济发展还不充分，服务澳门特征还不够明显，与澳门一体化发展还有待加强，促进澳门产业多元发展任重道远。

2012年12月，在广东考察工作的习近平总书记来到深圳前海深港现代服务业合作区、珠海横琴新区，勉励深圳、珠海深化粤港澳合作，努力相互促进、互利共赢。

2018年10月22日，到珠海出席港珠澳大桥开通仪式的习近平总书记考察了横琴新区粤澳合作中医药科技产业园。他说："建设横琴新区的初心就是为澳门产业多元发展创造条件。横琴有粤澳合作的先天优势，要加强政策扶持，丰富合作内涵，拓展合作空间，发展新兴产业，促进澳门经济发展更具活力。"①

2021年9月，中共中央、国务院印发了《横琴粤澳深度合作区建设总体方案》。该方案赋予横琴新区"促进澳门经济适度多元发展的新平台""便利澳门居民生活就业的新空间""丰富'一国两制'实践的新示范""推动粤港澳大湾区建设的新高地"的战略定位，并

---

① 刘欢等：《着眼发展大局，共享时代荣光——以习近平同志为核心的党中央关心粤港澳大湾区建设纪实》，《人民日报》2019年2月22日。

结合国家发展大局和澳门实际情况，提出了合作区建设分步走的发展目标，明确了主要任务，顺应了澳门同胞对美好生活的期待和向往，意义重大，影响深远。方案的贯彻落实，必将为澳门经济发展注入强劲动能，有力推动澳门更好融入国家发展大局，促进澳门长期繁荣稳定。

而作为粤港澳全面合作示范区，广州南沙新区则坚持创新引领发展，紧密对接服务支持横琴、前海两个合作区和广州国际消费中心城市建设，倾力打造大湾区一流的改革开放平台、一流的创新发展平台、一流的营商环境、一流的人居环境，加快建成全球创新发展示范区和高水平对外开放门户枢纽。

为充分发挥粤港澳综合优势，建设富有活力和国际竞争力的一流湾区，粤港澳大湾区还在进一步提升市场一体化水平，打造国际科技创新中心，构建协同发展现代产业体系，共建宜居宜业宜游的优质生活圈，培育国际合作新优势等方面做了大量工作。当前，粤港澳大湾区建设已取得阶段性显著成效，粤港澳合作更加深入广泛，正在向国际一流湾区和世界级城市群迈出坚实步伐。

粤港澳大湾区科技创新要素高度聚集，综合实力显著增强，正在加速打造成为全球科技创新高地和新兴产业重要策源地。2020年，大湾区经济总量达11.5万亿元，比2017年增加1.4万亿元；进入世界500强企业达21家，比2017年增加4家；广东有国家级高新技术企业5.3万家，比2017年增加近2万家。粤港澳大湾区能否比肩国际一流湾区，关键看创新。健全的产业体系、完备的产业链条是粤港澳大湾区优势所在，粤港澳三地形成先进制造业、现代服务业互补互促、协同发展的产业格局。

规则衔接、机制对接，实现规则标准等制度型开放，是粤港澳大湾区率先建设更高水平开放型经济新体制的关键所在。大湾区变制度之异为制度之利，积极探索"一事三地、一策三地、一规三地"，充分展现出"一国两制"的制度优势和勃勃生机。当前，粤港澳大湾区已基本实现与港澳服务贸易自由化，港澳企业在法律、会计、建筑等领域投资营商享受同等待遇；金融市场互联互通有序推进，广东自由贸易试验区试点开展自由贸易账户业务，"深港通"、跨境移动支付等便利措施落地实施；职业资格认可、标准衔接范围持续拓展，在医师、教师、导游等领域以单边认可带动双向互认；等等。粤港澳三地市场一体化水平明显提升，要素跨境流动更加便捷高效。

粤港澳三地文化同源、人缘相亲、民俗相近、优势互补。随着粤港澳三地融合发展不断深化，宜居宜业宜游的优质生活圈逐步形成，三地民众获得感更加充实。大湾区内地城市也逐渐成为许多港澳老人养老的首选之地。香港特区政府统计处2020年的资料表明，约有9万名65岁以上的香港永久居民正在广东生活。粤港澳三地同根同源，以粤剧、龙舟、武术、醒狮等为代表的岭南文化成为三地共通的文化语言，彰显出大湾区人文精神的独特魅力，也为三地文化产业交流合作开拓出新的空间。

粤港澳大湾区建设持续推进，硬联通、软联通不断加强，对支持香港、澳门融入国家发展大局发挥了重要作用。下一步，要围绕建设国际科技创新中心战略定位，加强粤港澳产学研协同发展，完善广深港、广珠澳科技创新走廊和深港河套、粤澳横琴科技创新极点"两廊两点"架构体系，推进综合性国家科学中心建设，便利创新要素跨境流动。要加强重大合作平台建设，推进横琴粤港澳深度合作区高质量发展和前海深港现代服务业合作区改革开放。要加强设施硬联通和机制软联通，加快城际铁路建设，优化航运和航空资源配置，深化通关模式改革，落实落细教育、医疗、养老、交通等领域政策，进一步便利港澳居民在大湾区内的学习工作生活。

按照《粤港澳大湾区发展规划纲要》，到2035年，大湾区将形成以创新为主要支撑的经济体系和发展模式，经济实力、科技实力大幅跃升，国际竞争力、影响力进一步增强；大湾区内市场高水平互联互通基本实现，各类资源要素高效便捷流动；区域发展协调性显著增强，对周边地区的引领带动能力进一步提升；人民生活更加富裕；社会文明程度达到新高度，文化软实力显著增强，中华文化影响更加广泛深入，多元文化进一步交流融合；资源节约集约利用水平显著提高，生态环境得到有效保护，宜居宜业宜游的国际一流湾区全面建成。在中国追梦的宏大叙事里，粤港澳大湾区将成为重要而闪亮的一章，写就港澳同胞和祖国人民共担民族复兴历史责任、共享祖国繁荣富强伟大荣光的壮美诗篇。

第五章
提升长三角一体化发展水平

——打造我国发展强劲活跃增长极

实施长三角一体化发展战略要紧扣一体化和高质量两个关键词,以一体化的思路和举措打破行政壁垒、提高政策协同,让要素在更大范围畅通流动,有利于发挥各地区比较优势,实现更合理分工,凝聚更强大的合力,促进高质量发展。

——习近平

长三角一体化发展是习近平总书记亲自谋划、亲自部署、亲自推动的重大国家战略，是新时代引领全国高质量发展、完善我国改革开放空间布局、打造我国发展强劲活跃增长极的重大举措。在全国经济版图中，地处"一带一路"和长江经济带交汇点，涵盖上海、江苏、浙江、安徽三省一市的长三角区域是经济最活跃、开放程度最高、创新能力最强的区域之一，它以4%的国土面积、不到10%的人口，创造了近四分之一的经济总量，在国家现代化建设大局和全方位开放格局中具有举足轻重的战略地位。推动长三角一体化发展，增强长三角地区创新能力和竞争能力，提高经济集聚度、区域连接性和政策协同效率，对引领全国高质量发展、建设现代化经济体系意义重大。党中央对长三角一体化发展的战略定位是"一极三区一高地"，即全国发展强劲活跃增长极、高质量发展样板区、率先基本实现现代化引领区、区域一体化发展示范区、改革开放新高地。

长三角一体化上升为国家战略

一体化发展，是区域协调发展的高级形态，比协同、协调的要求更高。一体化是长三角发展的重点，也是难点。可以说，长三角的"一体化"是在历史的厚重积淀中谋势酝酿、在新时代的创新发展中投子布局的。

早在党的十八大前，在地方工作的习近平就开始谋划长三角区域协调发展，提出了长三角一体化发展的构想。他说："我也曾深入思考和积极推动长三角发展的问题。"① 在浙江期间，习近平将推动长三角地区交流合作列为"八八战略"的重要内容，发起建立了长三角地区主要领导定期会晤机制。在上海工作期间，他又进一步丰富了长三角一体化发展的思想内涵，强调上海的发展必须放在国家对长三角区域发展的总体部署中来谋划。

2008年，国务院发布《关于进一步推进长江三角洲地区改革开放和经济社会发展的指导意见》，作出进一步提升长江三角洲地区整体实力和国际竞争力的重大决策部署。

2010年，国务院正式批准实施《长江三角洲地区区域规划》。这是中国第一个跨省份的区域规划。该规划明确了长江三角洲地区发展的战略定位，即亚太地区重要的国际门户、全球重要的现代服务业和先进制造业中心、具有较强国际竞争力的世界级城市群。

进入新时代，长江三角洲地区在全国发展大局中应当承担什么样的使命，习近平总书记高度重视、精心谋划。党的十八大以来，他多次考察长三角三省一市，始终关心长三角一体化发展；强调要紧扣一体化和高质量抓好重点工作，推动长三角一体化发展不断取得成效。

改革开放特别是党的十八大以来，长三角一体化发展取得明显成效，经济社会发展走在全国前列，科技创新优势明显，开放合作协同高效，重大基础设施基本联通，生态环境联动共保，公共服务初步共享，城镇乡村协调互动。所以，从现状看，长三角区域合作基础好，是最

---

① 杜尚泽等：《下好先手棋，开创发展新局面——记习近平总书记在安徽考察》，《人民日报》2020年8月24日。

有条件实现一体化的区域。而具备了在更高起点上推动更高质量一体化发展良好条件的长三角率先探索创新区域一体化发展体制机制，将有利于为促进全国区域协调发展积累经验、提供示范。

当然，长三角一体化发展也面临新的挑战。就国际上看，保护主义、单边主义抬头，经济全球化趋势放缓，世界经济增长不确定性较大，长三角一体化发展面临更加复杂多变的国际环境。就区域内看，发展不平衡不充分，跨区域共建共享共保共治机制尚不健全，基础设施、生态环境、公共服务一体化发展水平有待提高；科创和产业融合不够深入，产业发展的协同性有待提升；阻碍经济社会高质量发展的行政壁垒仍未完全打破，统一开放的市场体系尚未形成；全面深化改革还没有形成系统集成效应，与国际通行规则相衔接的制度体系尚未建立。

2018年4月，习近平总书记明确了长三角一体化发展新方位，提出上海要进一步发挥龙头带动作用，苏浙皖要各扬所长，使长三角地区实现更高质量的一体化发展。

6月，以"聚焦高质量，聚力一体化"为主题的长三角地区主要领导座谈会在上海举行，深入探讨了规划对接、加强战略协同、深化专题合作、统一市场建设、创新合作机制等内容，致力将长三角地区建设成为全国贯彻新发展理念的引领示范区、全球资源配置的亚太门户、具有全球竞争力的世界级城市群。

11月，在上海考察期间，习近平总书记强调上海要在推动长三角更高质量一体化发展中进一步发挥龙头带动作用，把长三角一体化发展的文章做好，使之成为我国发展强劲活跃的增长极。"全国发展强劲活跃增长极"，这是对长三角一体化发展的基本定位。

11月5日，在上海举办的首届中国国际进口博览会上，习近平总书记宣布将长三角一体化发展上升为国家战略。他指出，为了更好发挥上海等地区在对外开放中的重要作用，党中央决定，支持长江三角洲区域一体化发展并上升为国家战略，着力落实新发展理念，构建现代化经济体系，推进更高起点的深化改革和更高层次的对外开放，同"一带一路"建设、京津冀协同发展、长江经济带发展、粤港澳大湾区建设相互配合，完善中国改革开放空间布局。

将长三角一体化发展上升为国家战略，为长三角一体化发展带来新机遇，有利于提升长三角在世界经济格局中的能级和水平，引领我国参与全球合作和竞争；有利于深入实施区域协调发展战略，探索区域一体化发展的制度体系和路径模式，引领长江经济带发展，为全国区域一体化发展提供示范；有利于充分发挥区域内各地区的比较优势，提升长三角地区整体综合实力，使之在全面建设社会主义现代化国家新征程中走在全国前列。

出台《长江三角洲区域一体化发展规划纲要》

自长三角一体化发展上升为国家战略以来，其正在加快推进，焕发出勃勃生机，"一体化"意识和"一盘棋"思想深入人心，社会共识高度凝聚，工作机制业已形成。而制定《长江三角洲区域一体化发展规划纲要》，则标志着这一国家战略进入了全面实施阶段。

2019年5月13日，中共中央政治局召开会议，审议《长江三角洲区域一体化发展规划纲要》。会议指出，长三角一体化发展具有极大的区域带动和示范作用，要紧扣"一体化"和"高质量"两个关键，带动整个长江经济带和华东地区发展，形成高质量发展的区域集群。会议强调，把长三角一体化发展上升为国家战略是党中央作出的重大决策部署。要坚持稳中求进，坚持问题导向，抓住重点和关键。要树立"一体化"意识和"一盘棋"思想，深入推进重点领域一体化建设，强化创新驱动，建设现代化经济体系，提升产业链水平。要有力有序有效推进，抓好统筹协调、细化落实，把《长江三角洲区域一体化发展规划纲要》确定的各项任务分解落实，明确责任主体。上海、江苏、浙江、安徽要增强一体化意识，加强各领域互动合作，扎实推进长三角一体化发展。

5月30日，中共中央、国务院印发《长江三角洲区域一体化发展规划纲要》。该规划纲要提出了长三角一体化发展"一极三区一高地"的战略定位。"一极"是全国发展强劲活跃增长极，具体要求是长三角要激发市场主体活力，提高创新策源能力，提升参与全球资源配置和竞争能力，在促进我国经济提质增效升级中发挥"稳定器"和"主引擎"作用，增强对全国经济发展的影响力和带动力。"三区"是全国高质量发展样板区、率先基本实现现代化引领区、区域一体化发展示范区，这是新时代建成社会主义现代化强国、服务中国特色社会主义建设大局赋予长三角的战略重任，具体要求是长三角在推动高质量发展、建设现代化经济体系、促进区域一体化发展方面要当好排头兵，先行先试，为全国其他地区作出榜样、树立标杆。"一高地"是新时代改革开放新高地，这是推进更高起点的深化改革和更高层次的对外开放对长三角提出的新使命新任务，具体要求是长三角要进一步加快各类改革试点举措集中落实、率先突破和系统集成，以更大力度、更高水平推进全方位开放，加快构建改革开放再出发的新格局。该规划纲要立足全方位融入、全领域融合、全区域融通，围绕产业体系、基础设施、生态环境、公共服务、对外开放、体制机制六大领域部署了一体化任务。

《长江三角洲区域一体化发展规划纲要》提出的具体指标，为推动长三角一体化发展明确了目标导向。该规划纲要提出了长三角一体化发展的分阶段发展目标，即到"十四五"结束的2025年要取得实质性进展，到基本实现社会主义现代化的2035年要达到较高水平。同时，该规划纲要还提出了中心区人均GDP与全域人均GDP差距、研发投入强度、5G网络覆盖率、跨界河流断面水质达标率等一系列有针对性的量化指标，作为推动长三角一体化发展的工作指引和检验一体化成效的重要标准。

《长江三角洲区域一体化发展规划纲要》充分体现了结合不同区域、不同领域的一体化基础，分区域、分领域有序推进的一体化思路。从区域看，按照以点带面、依次推进的原则谋划了一体化发展的圈层结构，要求推动形成上海自由贸易试验区新片区、长三角生态绿色一体化发展示范区①、中心区27个城市②、三省一市全域的一体化发展格局。从领域看，根据不同领域的一体化条件差异，要求分层次统筹

---

① 包括上海青浦、江苏吴江、浙江嘉善。
② 包括上海市，江苏省南京、无锡、常州、苏州、南通、扬州、镇江、盐城、泰州，浙江省杭州、宁波、温州、湖州、嘉兴、绍兴、金华、舟山、台州，安徽省合肥、芜湖、马鞍山、铜陵、安庆、滁州、池州、宣城，共27个城市。

推进，对跨省际重大基础设施建设、环境保护、区域协同创新等已经具备条件的领域，要加快一体化发展；对营商环境建设、市场监管联动、公共服务共享等一定程度上具备条件的领域，要注重建立健全体制机制，逐步提高一体化水平；对尚不具备条件的领域，要注重融合、联通、协调、互动，不断缩小发展差距。

《长江三角洲区域一体化发展规划纲要》还聚焦长三角生态绿色一体化发展示范区、上海自由贸易试验区新片区两个重点区域，部署了高水平高标准建设重点任务。长三角生态绿色一体化发展示范区率先探索将生态优势转化为经济社会发展优势、从项目协同走向区域一体化制度创新，示范引领长三角一体化发展。上海自由贸易试验区新片区以投资自由、贸易自由、资金自由、运输自由、人员从业自由等为重点，打造与国际通行规则相衔接、更具国际市场影响力和竞争力的特殊经济功能区，引领长三角新一轮改革开放。

2019年8月，中国（上海）自由贸易试验区临港新片区管委会揭牌。

11月，《长三角生态绿色一体化发展示范区总体方案》公布。该方案指出，建设长三角生态绿色一体化发展示范区是实施长三角一体化发展战略的先手棋和突破口，其战略定位是生态优势转化新标杆、绿色创新发展新高地、一体化制度创新试验田、人与自然和谐宜居新典范。

从区域实践到国家擘画，长三角一体化发展势如破竹。

召开扎实推进长三角一体化发展座谈会

　　长三角一体化发展战略实施以来，三省一市和有关部门贯彻落实党中央决策部署，工作抓得紧，落实有力，有不少亮点，这主要表现在：一是对党中央战略意图领会到位，把长三角一体化发展放在国家区域发展总体战略全局中进行统筹谋划，扣紧了党和国家赋予的战略定位。二是创新方式方法，围绕重点领域和重点区域进行突破，以点带面加快一体化进程。三是战略实施成果显现，规划政策体系"四梁八柱"初步构建，多层次工作机制发挥实效，在新冠肺炎疫情防控和恢复经济过程中，一体化机制和互联互通基础设施发挥了作用。这说明，党中央决策部署是正确的，长三角一体化发展新局面正在形成。

　　2020年8月20日，习近平总书记在安徽合肥主持召开扎实推进长三角一体化发展座谈会。这是长三角一体化发展上升为国家战略以来，习近平总书记首次就这一重大战略专门召开座谈会进行重要部署。

　　座谈会前，为了弄清长三角一体化发展上升为重大国家战略以来，取得了哪些进展，面对新形势新任务如何育新机、开新局等问题，习近平总书记深入安徽进行实地调研，掌握最新情况。他说："长江经济带的上游、中游地区我都看过了，并开了座谈会，这次要到下游看看，也开个座谈会。"①

　　作为长江经济带龙头的长三角地区，不仅要在经济发展上走在前

---

① 杜尚泽等：《下好先手棋，开创发展新局面——记习近平总书记在安徽考察》，《人民日报》2020年8月24日。

列，也要在生态保护和建设上带好头。在马鞍山，习近平总书记察看长江水情水势，了解岸线整治和渔民退捕工作落实情况。薛家洼生态园地处长江岸边，曾面临十分突出的生态环境问题，经过综合整治，已成为百姓亲江亲水亲绿的生态岸线和城市生态客厅。习近平总书记看了十分高兴。他说："实施长江经济带发展战略，一开始我就强调要坚持共抓大保护、不搞大开发，先给大家泼泼冷水，这恰恰体现了有所为有所不为的哲学思想。经济发展要设定前提，首先要保护好生态环境。高质量发展的基础，就是生态环境。生态环境保护不好，最终将葬送经济发展前景。""长江生态环境保护修复，一个是治污，一个是治岸，一个是治渔。长江禁渔是件大事，关系30多万渔民的生计，代价不小，但比起全流域的生态保护还是值得的。长江水生生物多样性不能在我们这一代手里搞没了。"他特别强调："长江禁渔也不是把渔民甩上岸就不管了，要把相关工作做细做实，多开发就业渠道和公益性岗位，让渔民们稳得住、能致富。"①

在合肥市肥东县十八联圩生态湿地蓄洪区巢湖大堤罗家疃段，习近平总书记详细了解巢湖防汛救灾和固坝巡堤查险工作。他强调，要坚持生态湿地蓄洪区的定位和规划，防止被侵占蚕食，保护好生态湿地的行蓄洪功能和生态保护功能。习近平总书记说："巢湖是安徽人民的宝贝，是合肥最美丽动人的地方。一定要把巢湖治理好，把生态湿地

---

① 杜尚泽等：《下好先手棋，开创发展新局面——记习近平总书记在安徽考察》，《人民日报》2020年8月24日。

保护好，让巢湖成为合肥最好的名片。"①

一体化和高质量，是长三角一体化发展的两个关键词。一体化旨在打破行政壁垒，提高政策协同，让要素在更大范围畅通流动，有利于发挥各地区比较优势，实现更合理分工，凝聚更强大的合力。高质量发展，长三角地区最有条件、最有能力率先实现，在全国发挥示范作用。

高质量发展，关键在创新驱动。刚刚融入长三角的安徽，创新成绩突出，新技术、新材料、新产品、新产业荟萃。在安徽创新馆，习近平总书记说："安徽要实现弯道超车、跨越发展，在'十四五'时期全国省区市排位中继续往前赶，关键靠创新。要继续夯实创新的基础，锲而不舍、久久为功。""创新驱动发展，我们有主力军、集团军，有时候也要靠中小微企业的'一招鲜'，要支持中小微企业创新发展。"②

马鞍山因钢而设、因钢而兴，马钢是这座城市的亮丽名片。这里也是安徽融入长三角一体化发展的前沿阵地。2019年9月，作为长三角一体化重大合作项目，马钢集团和位于上海的中国宝武集团实施战略重组，更名为中国宝武马钢集团，一跃成为世界级钢铁企业。习近平总书记来到这里，了解企业生产经营情况，察看重点产品展示。他说："希望你们在深化国有企业改革中，特别是在长三角一体化发展中，能够把

---

① 杜尚泽等:《下好先手棋，开创发展新局面——记习近平总书记在安徽考察》，《人民日报》2020年8月24日。
② 杜尚泽等:《下好先手棋，开创发展新局面——记习近平总书记在安徽考察》，《人民日报》2020年8月24日。

握机遇、顺势而上,和长三角有机衔接,进一步发展壮大。机遇就在你们手里。"①

习近平总书记还叮嘱安徽的负责同志,要深化体制机制改革,加强城市基础设施、生态环境和营商环境建设,畅通与长三角中心城市连接的交通网络,提高生产生活便利化、舒适化程度,更好吸引和承接长三角地区资金、技术、产业、人才等的转移。

在扎实推进长三角一体化发展座谈会上,上海、江苏、浙江、安徽三省一市和推动长三角一体化发展领导小组负责同志先后发言,结合各自实际、从不同角度介绍了工作情况,谈了意见和建议。

在听取大家发言后,习近平总书记发表了重要讲话。他开宗明义:"在当前的国内国际形势下,要深刻认识长三角区域在国家经济社会发展中的地位和作用,结合长三角一体化发展面临的新形势新要求,坚持目标导向、问题导向相统一,紧扣一体化和高质量两个关键词抓好重点工作,真抓实干、埋头苦干,推动长三角一体化发展不断取得成效。"②

习近平总书记强调,面对严峻复杂的形势,要更好推动长三角一体化发展,必须深刻认识长三角区域在国家经济社会发展中的地位和作用。

第一,率先形成新发展格局。在当前全球市场萎缩的外部环境下,

---

① 杜尚泽等:《下好先手棋,开创发展新局面——记习近平总书记在安徽考察》,《人民日报》2020年8月24日。
② 杜尚泽等:《下好先手棋,开创发展新局面——记习近平总书记在安徽考察》,《人民日报》2020年8月24日。

我们必须集中力量办好自己的事，发挥国内超大规模市场优势，加快形成以国内大循环为主体、国内国际双循环相互促进的新发展格局。长三角区域要发挥人才富集、科技水平高、制造业发达、产业链供应链相对完备和市场潜力大等诸多优势，积极探索形成新发展格局的路径。

第二，勇当我国科技和产业创新的开路先锋。当前，新一轮科技革命和产业变革加速演变，更加凸显了加快提高我国科技创新能力的紧迫性。上海和长三角区域不仅要提供优质产品，更要提供高水平科技供给，支撑全国高质量发展。

第三，加快打造改革开放新高地。近来，经济全球化遭遇倒流逆风，越是这样我们越是要高举构建人类命运共同体旗帜，坚定不移维护和引领经济全球化。长三角区域一直是改革开放前沿。要对标国际一流标准改善营商环境，以开放、服务、创新、高效的发展环境吸引海内外人才和企业安家落户，推动贸易和投资便利化，努力成为联通国际市场和国内市场的重要桥梁。

习近平总书记指出，实施长三角一体化发展战略要紧扣一体化和高质量两个关键词，以一体化的思路和举措打破行政壁垒、提高政策协同，让要素在更大范围畅通流动，有利于发挥各地区比较优势，实现更合理分工，凝聚更强大的合力，促进高质量发展。

第一，推动长三角区域经济高质量发展。三省一市要在抓好常态化疫情防控的前提下，落实好党中央出台的各项政策，在扎实做好"六稳"工作、全面落实"六保"任务上走在全国前列。要确保各项纾困措施直达基层、直接惠及市场主体，引导金融资本重点支持制造业和中小微企业。要发挥数字经济优势,加快产业数字化、智能化转型,提高产业链供应链稳定性和竞争力。要加快推进重大项目建设,释放有效投资需求。

第二,加大科技攻关力度。创新主动权、发展主动权必须牢牢掌握在自己手中。三省一市要集合科技力量,聚焦集成电路、生物医药、人工智能等重点领域和关键环节,尽早取得突破。要支持一批中小微科技型企业创新发展。

第三,提升长三角城市发展质量。长三角区域城市开发建设早、旧城区多,改造任务很重,这件事涉及群众切身利益和城市长远发展,再难也要想办法解决。同时,不能一律大拆大建,要注意保护好历史文化和城市风貌,避免"千城一面、万楼一貌"。要坚决防止借机炒作房地产,毫不动摇坚持房子是用来住的、不是用来炒的定位,落实长效机制,确保房地产市场平稳健康发展。

第四,增强欠发达区域高质量发展动能。一体化的一个重要目的是要解决区域发展不平衡问题。发展落差往往是发展空间。有关部门要针对欠发达地区出台实施更精准的举措,推动这些地区跟上长三角一体化高质量发展步伐。海纳百川,有容乃大。不同地区的经济条件、自然条件不均衡是客观存在的,如城市和乡村、平原和山区、产业发展区和生态保护区之间的差异,不能简单、机械地理解均衡性。解决发展不平衡问题,要符合经济规律、自然规律,因地制宜、分类指导,承认客观差异,不能搞一刀切。

第五,推动浦东高水平改革开放。2020年是上海浦东开发开放30周年,支持浦东在改革系统集成协同高效、高水平制度型开放、增强配置全球资源能力、提升城市现代化治理水平等方面先行先试、积极探索、创造经验，对上海以及长三角一体化高质量发展乃至我国社会主义现代化建设具有战略意义。要继续做好上海自由贸易试验区临港新片区建设工作，充分发挥试验田作用。要抓好上海国际金融中心建设，支持长三角和全国经济高质量发展。

第六，夯实长三角地区绿色发展基础。长三角地区是长江经济带的龙头，不仅要在经济发展上走在前列，也要在生态保护和建设上带好头。要把保护修复长江生态环境摆在突出位置，狠抓生态环境突出问题整改，推进城镇污水垃圾处理，加强化工污染、农业面源污染、船舶污染和尾矿库治理。要推进环太湖地区城乡有机废弃物处理利用，形成系列配套保障措施，为长三角地区生态环境共保联治提供借鉴，为全国有机废弃物处理利用作出示范。长江禁渔是为全局计、为子孙谋的重要决策。沿江各省市和有关部门要加强统筹协调，细化政策措施，压实主体责任，保障退捕渔民就业和生活。要强化执法监管，严厉打击非法捕捞行为，务求禁渔工作取得扎实成效。

第七，促进基本公共服务便利共享。要多谋民生之利、多解民生之忧，在一体化发展中补齐民生短板。三省一市要结合这次新冠肺炎疫情防控的经验，利用长三角地区合作机制，建立公共卫生等重大突发事件应急体系，强化医疗卫生物资储备。要推进实施统一的基本医疗保险政策，有计划逐步实现药品目录、诊疗项目、医疗服务设施目录的统一。要探索以社会保障卡为载体建立居民服务"一卡通"，在交通出行、旅游观光、文化体验等方面率先实现"同城待遇"。同时，要在补齐城乡基层治理短板、提高防御自然灾害能力上下功夫、见实效。

习近平总书记强调，要提高党把方向、谋大局、定政策、促改革的能力和定力，为长三角一体化发展提供坚强政治保障。要在一体化发展战略实施的过程中发现人才、培育人才、使用人才。要坚持把政治标准作为第一标准，确保干部队伍政治上信得过、靠得住、能放心。要深化干部制度改革，推动形成能者上、优者奖、庸者下、劣者汰的正确导向。要探索建立同长三角一体化发展相适应的干部交流机制。要加强企业党组织规范化建设，发挥党组织在服务企业决策、开拓市场、革新技术、提高效益等方面的作用，把党的政治优势、组织优势转化为企业发展优势。要注重在非公有制经济组织中发展党员，做好党员教育管理工作，引导他们发挥先锋模范作用。

座谈会持续了三个多小时。大家谈成绩、说问题、谋共识、献良策，意犹未尽。习近平总书记的重要讲话，为新发展阶段长三角一体化发展指明了前进方向，提出了具体要求，提供了根本遵循，开启了长三角一体化发展新的"加速度"。他最后说："长三角一体化发展不是一日之功，我们既要有历史耐心，又要有只争朝夕的紧迫感，既谋划长远，又干在当下。三省一市和有关部门要按照党中央决策部署，勇于担当，主动作为，大胆突破。要从实际出发，制定'十四五'时期长三角一体化发展规划实施方案，不断取得更加丰硕的成果。"[①]

---

① 杜尚泽等：《下好先手棋，开创发展新局面——记习近平总书记在安徽考察》，《人民日报》2020年8月24日。

紧扣"一体化"和"高质量"两个关键词

长三角区域一体化发展，不仅仅是划定示范区，实现地理意义上的整合，更是合作机制上的协调，是制度建设层面的探索。在上海带动下，苏浙皖各扬所长，以一体化的思路和举措打破行政壁垒、提高政策协同，让高端要素在长三角集聚、在更大范围畅通流动，形成引领整个长江经济带乃至全国高质量发展的重要动力源。

打通基础设施互联互通瓶颈，是长三角一体化发展的突破口之一。2018年6月，《长三角地区打通省际断头路合作框架协议》签署，首批重点推进17个省际项目。10月，首条省际断头路——上海青浦盈淀路与江苏昆山新乐路打通。

2018年年底，交通运输部与上海市、江苏省、浙江省、安徽省政府联合印发《关于协同推进长三角港航一体化发展六大行动方案》，积极推进内河航道网络化、区域港口一体化、运输船舶标准化、绿色发展协同化、信息资源共享化、航运中心建设联动化，长三角水运动脉愈发畅通。

2019年9月，在国家文化和旅游部的指导下，上海市、江苏省、浙江省、安徽省三省一市的文化和旅游行政管理部门还于上海共同成立了"长三角旅游推广联盟"，鼓励市民游客"串门"。

2020年7月1日，沪苏通长江公铁大桥、沪苏通铁路正式通车运营，与上海一江之隔的江苏省南通市，到上海的铁路不再需要绕道南京，两地间出行最短时间压缩到一小时六分钟。11月，习近平总书记在南通考察时说："当年，你们这里和上海隔江相望，南通不好

'通',现在跨江大桥建起来,一桥飞架南北,天堑变通途,从此'南通就好通'了。"①

长三角推动一体协同,促进要素流动,许多无形的"断头路"也在打通。比如,编制首个跨省域国土空间总体规划,出台降低跨域交易成本的"金融16条",推进企业经营许可、资质跨域互认等,成为一项项含金量十足的区域协同政策机制。

2020年年底,上海公布《关于全面推进上海城市数字化转型的意见》;《浙江省数字经济促进条例》于2021年3月开始实施;此前,江苏也发布了《关于深入推进数字经济发展的意见》。各地新规在部署本地经济社会数字化转型的同时,均提出要落实长三角区域一体化国家战略,加强数字经济跨区域合作;三省一市市场监管部门共同签订合作协议,加强反垄断执法协作、统一应用电子营业执照、共推绿色产品认证合作;三省一市公安机关整合人口数据资源,实现"一地受理、网上迁移"。

2021年1月,推进长三角一体化发展领导小组办公室印发《长江三角洲区域生态环境共同保护规划》,强调要共同建设绿色美丽长三角、着力打造美丽中国建设的先行示范区。

5月,2021年度长三角地区主要领导座谈会举行,会议认真学习习近平总书记关于推动长三角一体化发展的重要讲话和重要指示批示精神,全面分析了新阶段长三角一体化发展面临的新形势新任务,重

---

① 张晓松等:《万里长江绘宏图——习近平总书记沪苏纪行》,《人民日报》2020年11月16日。

点围绕探索形成新发展格局的路径、夯实长三角地区绿色发展基础、增强区域协同高质量发展动能等方面进行深入讨论，形成广泛共识。会议明确，实施长三角科技创新共同体联合攻关计划，共同打造具有国际竞争力的战略性新兴产业集群和先进制造业集群；协同办好中国国际进口博览会，高品质共建虹桥国际开放枢纽，深化自由贸易试验区联动；探索在上海、南京、杭州、合肥等城市开展碳达峰、碳中和试点示范，推动长三角在全国率先实现碳达峰、碳中和等。

6月，推动长三角一体化发展领导小组办公室印发了《长三角一体化发展规划"十四五"实施方案》。该方案部署了构建新发展格局、区域联动发展等九个方面的重点任务，并按照清单制、项目化工作推进要求，列出了三张清单，明确了"十四五"时期长三角一体化发展的任务书、时间表和路线图。

当今世界面临百年未有之大变局，新一轮科技革命和产业变革加速演变，经济全球化遭遇倒流逆风，世界经济增长不确定性加大。中国要集中力量办好自己的事，加快构建以国内大循环为主体、国内国际双循环相互促进的新发展格局。长三角区域要发挥人才富集、科技水平高、制造业发达、产业链供应链相对完备和市场潜力大等诸多优势，积极探索形成新发展格局的路径，提高配置全球资源能力和辐射带动全国发展能力。

长江三角洲这片充满活力的土地实施一体化发展战略以来，牢牢把握重大历史机遇，紧扣"一体化"和"高质量"两个关键词，逐步建成政策协同、产业合作、设施共建、服务共享、分工合理的一体化格局，奏响改革开放创新交响曲，激荡着高质量发展的澎湃动力，加快崛起为我国发展强劲活跃增长极。

2021年，长三角地区经济总量超过27万亿元，约占全国经济总量的四分之一，对全国经济的影响力带动力不断增强。下一步，要加强重大项目储备和前期工作，加快推进"十四五"规划明确的国家重大工程项目落地实施，推动科创和产业深度融合，推进高水平对外开放，继续保持强劲活跃的增长态势。要加强制度衔接和政策协同，深入推进基础设施、公共服务等重点领域一体化发展，稳步推进长三角一体化发展示范区、皖北承接产业转移集聚区等重点区域建设，积极稳妥推动港航资源整合。要深化自由贸易区贸易投资体制改革，推动浦东高水平改革开放先行先试，加快在制度型开放上闯出新路。

按照《长江三角洲区域一体化发展规划纲要》提出的发展目标，到2025年，长三角一体化发展将取得实质性进展，跨界区域、城市乡村等区域板块一体化发展达到较高水平，在科创产业、基础设施、生态环境、公共服务等领域基本实现一体化发展，全面建立一体化发展的体制机制。到2035年，长三角一体化发展将达到较高水平，现代化经济体系基本建成，城乡区域差距明显缩小，公共服务水平趋于均衡，基础设施互联互通全面实现，人民基本生活保障水平大体相当，一体化发展体制机制更加完善，整体达到全国领先水平，成为最具影响力和带动力的强劲活跃增长极。

襟江带海的长三角，正以更加昂扬的姿态，挺立在新时代改革开放前沿。我们有理由相信，在中国改革开放历史进程中发挥过重要作用的长三角，将会在新一轮深化改革、扩大开放的进程中，继续走在全国前列，不断完善中国改革开放空间布局，引领全国高质量发展。

第六章
扎实推进黄河流域生态保护和高质量发展

——创作新时代的黄河大合唱

要坚持绿水青山就是金山银山的理念，坚持生态优先、绿色发展，以水而定、量水而行，因地制宜、分类施策，上下游、干支流、左右岸统筹谋划，共同抓好大保护，协同推进大治理，着力加强生态保护治理、保障黄河长治久安、促进全流域高质量发展、改善人民群众生活、保护传承弘扬黄河文化，让黄河成为造福人民的幸福河。

——习近平

黄河流域是我国重要的生态屏障和重要的经济地带，黄河流域生态保护和高质量发展是重大国家战略。党的十八大以后，习近平总书记多次到沿黄河省区调研，实地考察黄河流域生态保护和经济社会发展情况，就三江源、祁连山、秦岭、贺兰山等重点区域生态保护建设作出重要指示批示，对新形势下解决好黄河流域生态和发展面临的问题进行了深入思考，有关部门根据总书记的要求进行了认真研究。继长江经济带发展战略之后，习近平总书记提出黄河流域生态保护和高质量发展战略。至此，国家的"江河战略"正式确立。

事关中华民族伟大复兴和永续发展的千秋大计

黄河发源于青藏高原巴颜喀拉山北麓，呈"几"字形流经青海、四川、甘肃、宁夏、内蒙古、山西、陕西、河南、山东九省区，全长5464公里，是我国仅次于长江的第二大河。黄河流域西接昆仑、北抵阴山、南倚秦岭、东临渤海，横跨东中西部，国土面积约130万平方公里，总人口约1.6亿（数据截至2019年年底），是我国重要的生态安全屏障，也是人口活动和经济发展的重要区域，在国家发展大局和社会主义现代化建设全局中具有举足轻重的战略地位。

黄河是中华民族的母亲河，孕育了古老而伟大的中华文明。早在上古时期，黄河流域就是华夏先民繁衍生息的重要家园。中华文明上下五千年，在长达3000多年的时间里，黄河流域一直是全国政治、经济和文化中心①，以黄河流域为代表的我国古代发展水平长期领先于世界。九曲黄河奔流入海，以百折不挠的磅礴气势塑造了中华民族自强不息的伟大品格，成为民族精神的重要象征。

　　同时，黄河又是全世界泥沙含量最高、治理难度最大、水害严重的河流之一，历史上曾"三年两决口、百年一改道"②，洪涝灾害波及范围北达天津、南抵江淮。黄河"善淤、善决、善徙"，在塑造形成沃野千里的华北大平原的同时，也给沿岸人民带来了深重灾难。从大禹治水到潘季驯"束水攻沙"，从汉武帝时期"瓠子堵口"到清康熙帝时期把"河务、漕运"刻在宫廷的柱子上，中华民族始终在同黄河水旱灾害作斗争。但受生产力水平和社会制度制约，加之"以水代兵"等人为破坏③，黄河"屡治屡决"的局面始终没有根本改观，沿黄人民对安宁幸福生活的夙愿一直难以实现。

　　新中国成立后，党和国家对治理开发黄河极为重视。1952年10月，毛泽东第一次离京巡视就来到黄河岸边，到河南兰考时，发出了"要把黄河的事情办好"的伟大号召。1958年8月，毛泽东再次来到兰考，视察了黄河治理和农田建设。后来，毛泽东还打算组织个马队视察黄河，深入调研一番，然后研究如何让黄河安澜，但这个愿望没有实现。改革

---

① 黄河流域分布有郑州、西安、洛阳、开封等古都，孕育了河湟文化、河洛文化、关中文化、齐鲁文化等，诞生了"四大发明"和《诗经》《老子》《史记》等经典著作。

② 据统计，从先秦到新中国成立的2500多年间，黄河下游共决溢1500多次，改道26次。1855年，黄河在兰考县东坝头附近决口，夺大清河入渤海，形成了现行河道。

③ 据统计，封建社会战争和军阀混战时期，人为导致黄河决口12次。

开放以来,邓小平、江泽民、胡锦涛等党和国家领导人都曾亲临黄河岸边,筹划治黄战略。党的十八大以来,以习近平同志为核心的党中央着眼于生态文明建设全局,明确了"节水优先、空间均衡、系统治理、两手发力"的治水思路,黄河流域经济社会发展和百姓生活发生了很大的变化。

新中国成立70多年来,在党中央坚强领导下,沿黄军民和黄河建设者开展了大规模的黄河治理保护工作,取得了举世瞩目的成就。黄河水沙治理取得显著成效,防洪减灾体系基本建成,河道萎缩态势初步遏制,流域用水增长过快局面得到有效控制,有力支撑了经济社会可持续发展;黄河流域生态环境持续明显向好,水土流失综合防治成效显著,三江源等重大生态保护和修复工程加快实施,上游水源涵养能力稳定提升,中游黄土高原蓄水保土能力显著增强,实现了"人进沙退"的治沙奇迹,生物多样性明显增加;黄河流域经济社会发展水平不断提升,中心城市和中原等城市群加快建设,全国重要的农牧业生产基地和能源基地的地位进一步巩固,新的经济增长点不断涌现,滩区居民迁建工程加快推进,百姓生活得到显著改善。可以说,经过一代接一代的艰辛探索和不懈努力,我们实现了黄河治理从被动到主动的历史性转变,创造了黄河岁岁安澜的历史奇迹,人民群众获得感、幸福感、安全感显著提升,充分彰显了党的领导和社会主义制度的优势,在中华民族治理黄河的历史上书写了崭新篇章。

虽然黄河治理和黄河流域经济社会发展都取得了巨大成就,但要清醒看到,黄河一直"体弱多病",水患频繁,生态本底差,水资源十分短缺,水土流失严重,资源环境承载能力弱,沿黄各省区发展不平衡不充分问题尤为突出。当前黄河流域仍存在一些突出困难和问题,其最大的矛盾是水资源短缺①，最大的问题是生态环境脆弱②，最大的威胁是洪水风险③，最大的短板是高质量发展不充分④，最大的弱项是民生发展不足⑤。另外，受地理条件等制约，沿黄各省区经济联

---

① 这方面存在的问题主要表现在：黄河水资源总量不到长江的7%，人均占有量仅为全国平均水平的27%；水资源利用较为粗放，农业用水效率不高，水资源开发利用率高达80%，远超一般流域40%生态警戒线，要花费很大力气才能保持黄河不断流。

② 这方面存在的问题主要有：黄河上游局部地区生态系统退化、水源涵养功能降低；中游水土流失严重，汾河等支流污染问题突出；下游生态流量偏低，一些地方河口湿地萎缩。黄河流域的工业、城镇生活和农业面源三方面污染，加之尾矿库污染，使得2018年黄河137个水质断面中，劣Ⅴ类水占比达12.4%，明显高于全国6.7%的平均水平。

③ 这方面存在的问题主要有：小浪底水库调水调沙后续动力不足，水沙调控体系的整体合力无法充分发挥；下游防洪短板突出，洪水预见期短、威胁大；"地上悬河"形势严峻，下游地上悬河长达800公里，上游宁蒙河段淤积形成新悬河，河床平均高出背河地面4米至6米，其中新乡市河段高于地面20米，还有299公里游荡性河段河势未完全控制，危及大堤安全；下游滩区既是黄河滞洪沉沙的场所，也是190万群众赖以生存的家园，防洪运用和经济发展矛盾长期存在；河南、山东居民迁建规划实施后，仍有近百万人生活在洪水威胁中。

④ 这方面存在的问题主要表现在：黄河上中游七省区是发展不充分的地区，同东部地区及长江流域相比存在明显差距，传统产业转型升级步伐滞后，内生动力不足，源头的青海玉树州与入海口的山东东营市人均地区生产总值相差超过10倍。对外开放程度低，九省区货物进出口总额仅占全国的12.3%。

⑤ 这方面存在的问题主要表现在：沿黄各省区公共服务、基础设施等历史欠账较多。医疗卫生设施不足，重要商品和物资储备规模、品种、布局亟须完善，保障市场供应和调控市场价格能力偏弱，城乡居民收入水平低于全国平均水平。全国14个集中连片特困地区有5个涉及黄河流域。

系度历来不高，区域分工协作意识不强，高效协同发展机制尚不完善，流域治理体系和治理能力现代化水平不高，文化遗产系统保护和精神内涵深入挖掘不足。这些问题，表象在黄河，根子在流域。

党的十八大以来，习近平总书记把保护黄河作为治国理政的大事来抓，倾注了大量心血。早在 2014 年 3 月，在河南兰考调研指导党的群众路线教育实践活动的习近平总书记专门来到黄河最后一弯——位于东坝头乡的黄河岸边，了解黄河防汛和滩区群众生产生活情况。后来，他又多次考察沿黄省区，在深入调研与思考过程中，思路逐步明晰起来。

保护黄河是事关中华民族伟大复兴和永续发展的千秋大计。保护好黄河流域生态环境，促进沿黄地区经济高质量发展，是协调黄河水沙关系、缓解水资源供需矛盾、保障黄河安澜的迫切需要；是践行绿水青山就是金山银山理念、防范和化解生态安全风险、建设美丽中国的现实需要；是强化全流域协同合作、缩小南北方发展差距、促进民生改善的战略需要；是解放思想观念、充分发挥市场机制作用、激发市场主体活力和创造力的内在需要；是大力保护传承弘扬黄河文化、彰显中华文明、增进民族团结、增强文化自信的时代需要。总之，推动黄河流域生态保护和高质量发展，具有深远历史意义和重大战略意义。

加强黄河流域重点区域生态环境保护

生态兴则文明兴，生态衰则文明衰。黄河流域生态保护和高质量发展，"生态保护"是前提。要实现黄河流域高质量发展，就要锲而不舍抓好黄河生态保护工作。每每谈及黄河，习近平总书记都会提到"保护"二字。他说："不要一说研究黄河发展，什么东西捡进筐里都是菜。黄河流域发展的内涵一定要定义清楚，不是不发展经济，而是要以黄河生态保护为重要的背景依据，来考虑如何符合不同流域段、不同省情区情的发展道路。"①

纵观人类文明发展史，生态环境变化直接影响文明兴衰演替。古代埃及、古代巴比伦、古代印度、古代中国这四大文明古国均发源于水量丰沛、土壤肥沃、便于耕种的地区。而生态环境衰退特别是严重的土地荒漠化则导致古代埃及、古代巴比伦衰落。我国古代一些地区也有过惨痛教训。习近平总书记严肃指出："古今中外的这些深刻教训，一定要认真吸取，不能再在我们手上重犯！"②

习近平总书记对黄河流域生态环境保护始终高度关注，对一些破坏生态环境的事件格外警惕。他多次就三江源、祁连山、秦岭、贺兰山等黄河流域重点区域生态保护建设提出要求，就一些严重损害生态环境事件作出重要指示批示，要求严肃查处，扭住不放，一抓到底，不彻底解决绝不松手。

青海三江源地区是长江、黄河、澜沧江的发源地，被誉为"中华水塔"。据反映，三江源地区有的县，30多年前水草丰美，但由于人口超载、过度放牧、开山挖矿等原因，虽然获得过经济超速增长，但

---

① 杜尚泽等：《创作新时代的黄河大合唱——记习近平总书记考察调研并主持召开黄河流域生态保护和高质量发展座谈会》，《人民日报》2019年9月20日。

② 习近平：《论坚持人与自然和谐共生》，中央文献出版社2022年版，第152页。

随之而来的是湖泊锐减、草场退化、沙化加剧、鼠害泛滥,最终牛羊无草可吃。2016年8月,在青海考察的习近平总书记强调:"保护好三江源,保护好'中华水塔',是青海义不容辞的重大责任,来不得半点闪失。"① 后来,他又在多个场合反复叮嘱要保护好"中华水塔"。

作为我国西部重要的生态安全屏障,祁连山被誉为河西走廊的"天然水库",但其局部生态破坏问题一度十分突出。对此,习近平总书记曾多次作出重要指示,要求坚决整改。2017年,由党中央、国务院有关部门组成的中央督查组还就此开展了专项督查,中央政治局常委会会议专门听取督查情况汇报并对有关责任人作出严肃处理。2019年8月,在甘肃考察的习近平总书记来到祁连山脚下,考察生态环境修复成果。得知中央提出的整改任务已基本完成,祁连山生态环境修复和保护工作取得阶段性成果时,习近平总书记给予肯定,同时强调生态保护工作必须保持定力、持之以恒。他说:"我们发展到这个阶段,不能踩着西瓜皮往下溜,而是要继续爬坡过坎,实现高质量发展,绿水青山就可以成为金山银山。"②

秦岭和合南北、泽被天下,是我国的中央水塔,是中华民族的祖脉和中华文化的重要象征。但前些年一些人盯上秦岭的好山好水,在北麓违规违法修建大量别墅,严重破坏当地生态环境。为保护秦岭生态环境,2018年7月,习近平总书记第六次作出重要批示:"首先

---

① 习近平:《论坚持人与自然和谐共生》,中央文献出版社2022年版,第151页。
② 张晓松等:《开创富民兴陇新局面——习近平总书记甘肃考察纪实》,《人民日报》2019年8月24日。

从政治纪律查起，彻底查处整而未治、阳奉阴违、禁而不绝的问题。"①当月下旬，中央专门派出专项整治工作组入驻陕西。随着专项整治行动的展开，1194栋违建别墅被彻底整治，4557亩土地被收归国有。

2020年4月，在陕西考察的习近平总书记到秦岭深处察看自然生态，并叮嘱当地："陕西要深刻吸取秦岭违建别墅问题的教训，痛定思痛，警钟长鸣，以对党、对历史、对人民高度负责的精神，以功成不必在我的胸怀，把秦岭生态环境保护和修复工作摆上重要位置，履行好职责，当好秦岭生态卫士，决不能重蹈覆辙，决不能在历史上留下骂名。"②他强调保护"中央水塔"是"国之大者"。

贺兰山是我国重要自然地理分界线和西北重要生态安全屏障，维系着西北至黄淮地区气候分布和生态格局，守护着西北、华北生态安全。2020年6月，在宁夏视察的习近平总书记乘车来到贺兰山东麓的黄河滩区。展板上的照片显示，过去盗挖盗采留下的乱坑千疮百孔，经过整治后仍依稀可辨。他伫立在展板前，远眺巍巍贺兰山，语重心长地说，生态修复要付出很大代价，但不能有丝毫含糊，必须下大气力抓好。他要求当地，要加强顶层设计，狠抓责任落实，强化监督检查，坚决保护好贺兰山生态。习近平总书记还赋予宁夏"建设黄河流域生态保护和高质量发展先行区"的重要任务。

---

① 高敬：《"让孩子们都生活在良好的生态环境之中"——习近平抓生态保护的故事》，《人民日报》2021年7月11日。
② 习近平：《论坚持人与自然和谐共生》，中央文献出版社2022年版，第251页。

黄河流域生态保护和高质量发展座谈会

2019年8月，习近平总书记在甘肃考察期间，专门调研了黄河流域生态保护和经济发展，首次提出"让黄河成为造福人民的幸福河"。8月21日下午，习近平总书记来到兰州黄河治理兰铁泵站项目点，登上观景平台，俯瞰堤坝加固防洪工程，了解当地开展黄河治理和生态保护情况。他在听取甘肃省和兰州市开展黄河治理和保护情况介绍时指出，黄河、长江都是中华民族的母亲河；保护母亲河是事关中华民族伟大复兴和永续发展的千秋大计；甘肃是黄河流域重要的水源涵养区和补给区，要首先担负起黄河上游生态修复、水土保持和污染防治的重任，兰州要在保持黄河水体健康方面先发力、带好头。

22日下午，在听取甘肃省委和省政府工作汇报时，习近平总书记语重心长地说："我曾经讲过，'长江病了'，而且病得还不轻。今天我要说，黄河一直以来也是体弱多病，水患频繁。"① 他强调，治理黄河，重在保护，要在治理；要坚持山水林田湖草综合治理、系统治理、源头治理，统筹推进各项工作，加强协同配合，共同抓好大保护，协同推进大治理，推动黄河流域高质量发展，让黄河成为造福人民的幸福河。紧接着，党中央就黄河流域保护和高质量发展进行了专题研究，致力于推进黄河流域高质量发展，让黄河成为造福人民的幸福河。

---

① 张晓松等：《开创富民兴陇新局面——习近平总书记甘肃考察纪实》，《人民日报》2019年8月24日。

2019年9月18日上午,习近平总书记在郑州主持召开黄河流域生态保护和高质量发展座谈会,正式提出推动黄河流域生态保护和高质量发展的战略构想。为了开好这次座谈会,习近平总书记事前要求有关部门进行了深入的调查研究和科学论证。座谈会前一天,他走进黄河博物馆,前往黄河国家地质公园临河广场,深入了解中华民族治黄的历史,实地察看黄河的生态保护和堤防建设情况。

座谈会上,从上游到下游,从地方到中央,沿黄九省区负责同志来了,十几位中央和国家机关有关部门负责同志也来了。大家共商黄河流域生态保护和高质量发展大计,从黄河流域生态修复、水土保持、污染防治等方面谈认识、讲体会、摆问题、提建议,开门见山、直抒胸臆。听取大家发言后,习近平总书记发表重要讲话,强调共同抓好大保护、协同推进大治理,让黄河成为造福人民的幸福河。

习近平总书记指出,黄河流域生态保护和高质量发展,同京津冀协同发展、长江经济带发展、粤港澳大湾区建设、长三角一体化发展一样,是重大国家战略。加强黄河治理保护,推动黄河流域高质量发展,积极支持流域省区打赢脱贫攻坚战,解决好流域人民群众特别是少数民族群众关心的防洪安全、饮水安全、生态安全等问题,对维护社会稳定、促进民族团结具有重要意义。①

针对黄河流域生态环境脆弱,水资源保障形势严峻,发展质量有待提高等方面的突出问题,习近平总书记提出了黄河流域生态保护和

---

① 习近平主持召开黄河流域生态保护和高质量发展座谈会时的讲话,《人民日报》2019年9月20日。

高质量发展的五个主要目标任务：

第一，加强生态环境保护。黄河生态系统是一个有机整体，要充分考虑上中下游的差异。上游要以三江源、祁连山、甘南黄河上游水源涵养区等为重点，推进实施一批重大生态保护修复和建设工程，提升水源涵养能力。中游要突出抓好水土保持和污染治理，有条件的地方要大力建设旱作梯田、淤地坝等，有的地方则要以自然恢复为主，减少人为干扰，对污染严重的支流，要下大气力推进治理。下游的黄河三角洲要做好保护工作，促进河流生态系统健康，提高生物多样性。

第二，保障黄河长治久安。黄河水少沙多、水沙关系不协调，是黄河复杂难治的症结所在。尽管黄河多年没出大的问题，但丝毫不能放松警惕。要紧紧抓住水沙关系调节这个"牛鼻子"，完善水沙调控机制，解决九龙治水、分头管理问题，实施河道和滩区综合提升治理工程，减缓黄河下游淤积，确保黄河沿岸安全。

第三，推进水资源节约集约利用。黄河水资源量就这么多，搞生态建设要用水，发展经济、吃饭过日子也离不开水，不能把水当作无限供给的资源。要坚持以水定城、以水定地、以水定人、以水定产，把水资源作为最大的刚性约束，合理规划人口、城市和产业发展，坚决抑制不合理用水需求，大力发展节水产业和技术，大力推进农业节水，实施全社会节水行动，推动用水方式由粗放向节约集约转变。

第四，推动黄河流域高质量发展。要从实际出发，宜水则水、宜山则山，宜粮则粮、宜农则农，宜工则工、宜商则商，积极探索富有地域特色的高质量发展新路子。三江源、祁连山等生态功能重要的地区，主要是保护生态，涵养水源，创造更多生态产品。河套灌区、汾渭平原等粮食主产区要发展现代农业，把农产品质量提上去。区域中心城市等经济发展条件好的地区要集约发展，提高经济和人口承载能力。贫困地区要提高基础设施和公共服务水平，全力保障和改善民生。要积极参与共建"一带一路"，提高对外开放水平，以开放促改革、促发展。

第五，保护、传承、弘扬黄河文化。黄河文化是中华文明的重要组成部分，是中华民族的根和魂。要推进黄河文化遗产的系统保护，深入挖掘黄河文化蕴含的时代价值，讲好"黄河故事"，延续历史文脉，坚定文化自信，为实现中华民族伟大复兴的中国梦凝聚精神力量。

习近平总书记指出，要加强对黄河流域生态保护和高质量发展的领导，发挥我国社会主义制度集中力量干大事的优越性，牢固树立"一盘棋"思想，尊重规律，更加注重保护和治理的系统性、整体性、协同性，抓紧开展顶层设计，加强重大问题研究，着力创新体制机制，推动黄河流域生态保护和高质量发展迈出新的更大步伐。

在讲话的最后，习近平总书记强调："推动黄河流域生态保护和高质量发展，非一日之功。要保持历史耐心和战略定力，以功成不必在我的精神境界和功成必定有我的历史担当，既要谋划长远，又要干在当下，一张蓝图绘到底，一茬接着一茬干，让黄河造福人民。"[①]

[①] 习近平：《论坚持人与自然和谐共生》，中央文献出版社2022年版，第245页。

郑州座谈会后，有关地方和部门落实习近平总书记要求，着力整治黄河流域"造湖大跃进"、支流"毛细血管"污染、宁蒙段滩区"乱占、乱建"、非法采矿、非法采砂等突出问题，黄河流域生态环境质量持续向好。

编制《黄河流域生态保护和高质量发展规划纲要》

郑州座谈会后，习近平总书记又先后主持召开中央财经委员会会议、中共中央政治局会议，专题研究黄河流域生态保护和高质量发展总体思路和规划纲要。

2020年1月3日，新年伊始，习近平总书记主持召开中央财经委员会会议，专题研究黄河流域生态保护和高质量发展问题。他在会上指出："黄河流域必须下大气力进行大保护、大治理，走生态保护和高质量发展的路子。"[①]会议提出黄河流域生态保护和高质量发展要高度重视解决的突出重大问题：一要实施水源涵养提升、水土流失治理、黄河三角洲湿地生态系统修复等工程，推进黄河流域生态保护修复；二要实施水污染综合治理、大气污染综合治理、土壤污染治理等工程，加大黄河流域污染治理；三要坚持节水优先，还水于河，先上游后下游，先支流后干流，实施河道和滩区综合提升治理工程，全面实施深度节水控水行动等，推进水资源节约集约利用；四要推进兰

---

① 习近平主持召开中央财经委员会第六次会议时的讲话，《人民日报》2020年1月4日。

州—西宁城市群发展，推进黄河"几"字弯都市圈协同发展，强化西安、郑州国家中心城市的带动作用，发挥山东半岛城市群龙头作用，推动沿黄地区中心城市及城市群高质量发展；五要坚持以水定地、以水定产，倒逼产业结构调整，建设现代产业体系；六要实施黄河文化遗产系统保护工程，打造具有国际影响力的黄河文化旅游带，开展黄河文化宣传，大力弘扬黄河文化。会议强调，要把握好黄河流域生态保护和高质量发展的原则，编好规划、加强落实。

8月31日，中共中央政治局召开会议，审议《黄河流域生态保护和高质量发展规划纲要》。会议强调，要因地制宜、分类施策、尊重规律，改善黄河流域生态环境；要大力推进黄河水资源集约节约利用，把水资源作为最大的刚性约束，以节约用水扩大发展空间。要着眼长远减少黄河水旱灾害，加强科学研究，完善防灾减灾体系，提高应对各类灾害能力；要采取有效举措推动黄河流域高质量发展，加快新旧动能转换，建设特色优势现代产业体系，优化城市发展格局，推进乡村振兴；要大力保护和弘扬黄河文化，延续历史文脉，挖掘时代价值，坚定文化自信；要以抓铁有痕、踏石留印的作风推动各项工作落实，加强统筹协调，落实沿黄各省区和有关部门主体责任，加快制定实施具体规划、实施方案和政策体系，努力在"十四五"期间取得明显进展。

10月5日，中共中央、国务院印发《黄河流域生态保护和高质量发展规划纲要》。该规划纲要提出黄河流域生态保护和高质量发展的战略定位是大江大河治理的重要标杆、国家生态安全的重要屏障、高质量发展的重要实验区、中华文化保护传承弘扬的重要承载区；战略布局是构建黄河流域生态保护"一带五区多点"①空间布局、构建形成黄河流域"一轴两区五极"②的发展动力格局、构建多元纷呈和谐相容的黄河文化彰显区③。该规划纲要分上、中、下游,从水资源、污染防治、产业、交通、文化、民生等各个方面,对黄河流域生态保

---

① "一带",是指以黄河干流和主要河湖为骨架,连通青藏高原、黄土高原、北方防沙带和黄河口海岸带的沿黄河生态带。"五区",是指以三江源、秦岭、祁连山、六盘山、若尔盖等重点生态功能区为主的水源涵养区,以内蒙古高原南缘、宁夏中部等为主的荒漠化防治区,以青海东部、陇中陇东、陕北、晋西北、宁夏南部黄土高原为主的水土保持区,以渭河、汾河、涑水河、乌梁素海为主的重点河湖水污染防治区,以黄河三角洲湿地为主的河口生态保护区。"多点",是指藏羚羊、雪豹、野牦牛、土著鱼类、鸟类等重要野生动物栖息地和珍稀植物分布区。

② "一轴",是指依托新亚欧大陆桥国际大通道,串联上中下游和新型城市群,以先进制造业为主导,以创新为主要动能的现代化经济廊道,是黄河流域参与全国及国际经济分工的主体。"两区",是指以黄淮海平原、汾渭平原、河套平原为主要载体的粮食主产区和以山西、鄂尔多斯盆地为主的能源富集区。"五极",是指山东半岛城市群、中原城市群、关中平原城市群、黄河"几"字弯都市圈和兰州—西宁城市群等,是区域经济发展增长极和黄河流域人口、生产力布局的主要载体。

③ 黄河文化彰显区包括:河湟—藏羌文化区,主要包括上游大通河、湟水河流域和甘南、若尔盖、红原、石渠等地区,是农耕文化与游牧文化交汇相融的过渡地带,民族文化特色鲜明;关中文化区,主要包括中游渭河流域和陕西、甘肃黄土高原地区,以西安为代表的关中地区传统文化底蕴深厚,历史文化遗产富集;河洛—三晋文化区,主要包括中游伊洛河、汾河等流域,是中华民族重要的发祥地,分布有大量文化遗存;儒家文化区,主要包括下游的山东曲阜、泰安等地区,以孔孟为代表的传统文化源远流长;红色文化区,主要包括陕甘宁等革命根据地和红军长征雪山草地、西路军西征路线等地区,是全国革命遗址规模最大、数量最多的地区之一。

护和高质量发展作出全面系统的部署，搭建起黄河保护治理的"四梁八柱"。

12月9日，推动黄河流域生态保护和高质量发展领导小组召开全体会议，就落实《黄河流域生态保护和高质量发展规划纲要》作进一步的研究部署。会议强调贯彻"重在保护，要在治理"的要求，着力改善黄河流域生态环境，促进人与自然和谐共生，让母亲河永葆生机活力。

《黄河流域生态保护和高质量发展规划纲要》颁布后，一批生态环境突出问题得到有效治理，各地"大保护"的自觉性不断增强。

深入推动黄河流域生态保护和高质量发展座谈会

扎实推进黄河大保护，确保黄河安澜，是治国理政的大事。以习近平同志为核心的党中央把黄河流域生态保护和高质量发展上升为国家战略以来，有关方面围绕解决黄河流域存在的矛盾和问题，开展了大量工作，搭建黄河保护治理"四梁八柱"，整治生态环境问题，推进生态保护修复，完善治理体系，黄河流域高质量发展取得新进步。同时也要看到，在黄河流域生态保护和高质量发展上还存在一些突出矛盾和问题，要坚持问题导向，再接再厉，坚定不移做好各项工作。为此，习近平总书记决定就深入推动黄河流域生态保护和高质量发展召开一次座谈会。

为开好这次座谈会，2021年10月20日至21日，习近平总书记深入山东省东营市的黄河入海口、农业高新技术产业示范区、黄河原蓄滞洪区居民迁建社区①等，实地了解黄河流域生态保护和高质量发展情况。

来到黄河入海口，习近平总书记动情地说："我一直很关心黄河流域生态保护和高质量发展，今天来到这里，黄河上中下游沿线就都走到了。"②他还说："当然，走一遍不是为了仅仅看一看，而是要有思考、有想法、有部署、有行动，知行合一，做行动派！"③他指出，党的十八大以来，各级党委和政府贯彻绿色发展理念的自觉性和主动性明显增强，一体推进山水林田湖草沙保护和治理力度不断加大，我国生态文明建设成绩斐然；在实现第二个百年奋斗目标新征程上，要坚持生态优先、绿色发展，把生态文明理念发扬光大，为社会主义现代化建设增光增色。习近平总书记还特别强调，黄河三角洲自然保护区生态地位十分重要，要抓紧谋划创建黄河口国家公园，科学论证、扎实推进。

在黄河三角洲农业高新技术产业示范区考察调研时，习近平总书记强调，开展盐碱地综合利用对保障国家粮食安全、端牢中国饭碗具有重要战略意义。要加强种质资源、耕地保护和利用等基础性研究，

---

① 20世纪70年代，东营市黄河原蓄滞洪区群众响应国家号召搬迁至沿黄大堤的房台上居住。2013年起，东营市对66个房台村进行住房拆迁改造，建设新社区。
② 习近平在山东省东营市实地了解黄河流域生态保护和高质量发展情况时的讲话，《人民日报》2021年10月23日。
③ 张晓松等：《大河奔涌，奏响新时代澎湃乐章——习近平总书记考察黄河入海口并主持召开深入推动黄河流域生态保护和高质量发展座谈会纪实》，《人民日报》2021年10月24日。

转变育种观念，由治理盐碱地适应作物向选育耐盐碱植物适应盐碱地转变，挖掘盐碱地开发利用潜力，努力在关键核心技术和重要创新领域取得突破，将科研成果加快转化为现实生产力。

在东营市黄河原蓄滞洪区居民迁建社区，习近平总书记指出，党中央对黄河滩区居民迁建、保证群众安居乐业高度重视。要扎实做好安居富民工作，统筹推进搬迁安置、产业就业、公共设施和社区服务体系建设，确保人民群众搬得出、稳得住、能发展、可致富。要发挥好基层党组织战斗堡垒作用，努力把社区建设成为人民群众的幸福家园。

10月22日下午，习近平总书记在山东济南主持召开深入推动黄河流域生态保护和高质量发展座谈会。面对前来参加座谈会的沿黄九省区、中央和国家机关有关部门负责同志，习近平总书记语重心长地说：""我讲过，长江病了，黄河病更重。我们不能满足于已经取得的成绩，要坚持问题导向，再接再厉，坚定不移做好各项工作。""[①] 座谈会上，有关方面负责同志先后发言或提交书面发言，介绍工作情况，提出意见和建议。大家又谈到黄河流域生态保护问题，有成就，有经验，也有亟待解决的难题。

听取大家发言后，习近平总书记发表重要讲话。他强调：""要科学分析当前黄河流域生态保护和高质量发展形势，把握好推动黄河流域生态保护和高质量发展的重大问题，咬定目标、脚踏实地，埋头苦干、久久为功，确保'十四五'时期黄河流域生态保护和高质量发展

---

① 张晓松等：《大河奔涌，奏响新时代澎湃乐章——习近平总书记考察黄河入海口并主持召开深入推动黄河流域生态保护和高质量发展座谈会纪实》，《人民日报》2021年10月24日。

取得明显成效，为黄河永远造福中华民族而不懈奋斗。"①

习近平总书记就沿黄河省区落实好黄河流域生态保护和高质量发展战略部署，坚定不移走生态优先、绿色发展的现代化道路提出四点要求：

第一，要坚持正确政绩观，准确把握保护和发展关系。把大保护作为关键任务，通过打好环境问题整治、深度节水控水、生态保护修复攻坚战，明显改善流域生态面貌。沿黄河开发建设必须守住生态保护这条红线，必须严守资源特别是水资源开发利用上限，用强有力的约束提高发展质量效益。

第二，要统筹发展和安全两件大事，提高风险防范和应对能力。高度重视水安全风险，大力推动全社会节约用水。要高度重视全球气候变化的复杂深刻影响，从安全角度积极应对，全面提高灾害防控水平，守护人民生命安全。

第三，要提高战略思维能力，把系统观念贯穿到生态保护和高质量发展全过程。把握好全局和局部关系，增强一盘棋意识，在重大问题上以全局利益为重。要把握好当前和长远的关系，放眼长远认真研究，克服急功近利、急于求成的思想。

第四，要坚定走绿色低碳发展道路，推动流域经济发展质量变革、效率变革、动力变革。从供需两端入手，落实好能耗双控措施，严格控制"两高"项目盲目上马，抓紧有序调整能源生产结构，淘汰碳排放量大的落后产能和生产工艺。要着力确保煤炭和电力供应稳定，保

---

① 习近平：《论坚持人与自然和谐共生》，中央文献出版社2022年版，第295页。

障好经济社会运行。

"十四五"时期是推动黄河流域生态保护和高质量发展的关键时期。在这次座谈会上，习近平总书记强调要抓好重大任务贯彻落实，力争尽快见到新气象。为此，他提出五项重点任务：

一是加快构建抵御自然灾害防线。要立足防大汛、抗大灾，针对防汛救灾暴露出的薄弱环节，迅速查漏补缺，补好灾害预警监测短板，补好防灾基础设施短板。要加强城市防洪排涝体系建设，加大防灾减灾设施建设力度，严格保护城市生态空间、泄洪通道等。

二是全方位贯彻"四水四定"原则。要坚决落实以水定城、以水定地、以水定人、以水定产，走好水安全有效保障、水资源高效利用、水生态明显改善的集约节约发展之路。要精打细算用好水资源，从严从细管好水资源。要创新水权、排污权等交易措施，用好财税杠杆，发挥价格机制作用，倒逼提升节水效果。

三是大力推动生态环境保护治理。上游产水区重在维护天然生态系统完整性，一体化保护高原高寒地区独有生态系统，有序实行休养生息制度。要抓好上中游水土流失治理和荒漠化防治，推进流域综合治理。要加强下游河道和滩区环境综合治理，提高河口三角洲生物多样性。要实施好环境污染综合治理工程。

四是加快构建国土空间保护利用新格局。要提高对流域重点生态功能区转移支付水平，让这些地区一心一意谋保护，适度发展生态特色产业。农业现代化发展要向节水要效益，向科技要效益，发展旱作农业，推进高标准农田建设。城市群和都市圈要集约高效发展，不能盲目扩张。

五是在高质量发展上迈出坚实步伐。要坚持创新创造，提高产业链创新链协同水平。要推进能源革命，稳定能源保供。要提高与沿海、沿长江地区互联互通水平，推进新型基础设施建设，扩大有效投资。

在讲话的最后，习近平总书记指出："党中央已经对推动黄河流域生态保护和高质量发展作出全面部署，关键在于统一思想、坚定信心、步调一致、抓好落实，要落实好中央统筹、省负总责、市县落实的工作机制，各尽其责、主动作为。要调动市场主体、社会力量积极性。"[①]

推动黄河流域生态保护和高质量发展，需要久久为功。要发挥我国社会主义制度集中力量干大事的优越性，牢固树立"一盘棋"思想，尊重规律，更加注重保护和治理的系统性、整体性、协同性，齐心协力开创黄河流域生态保护和高质量发展新局面。

推动黄河流域生态保护和高质量发展，要牢牢把握共同抓好大保护、协同推进大治理的战略导向，全方位贯彻"四水四定"原则，始终坚持问题导向，坚定不移走生态优先、绿色发展的现代化道路。下一步，要加强水资源节约集约利用，严控高耗水作物种植面积，大力推进沿黄大中型灌区现代化改造，积极推进工业节水增效。针对黄河流域生态脆弱问题，要紧抓环境污染"3+1"综合治理[②]，加大生态系统保护修复力度，提升上游水源涵养能力，巩固中游水土流失治理成效，加强下游滩区、湿地系统保护修复，持续狠抓突出环境问题整治，从根本上提升黄河流域生态环境质量。黄河流域煤炭储量占全

---

① 习近平：《论坚持人与自然和谐共生》，中央文献出版社2022年版，第298页。
② "3+1"综合治理是指统筹推进农业面源污染、工业污染、城乡生活污染和矿区生态环境综合治理。

国一半以上，是我国重要的能源、化工、原材料和基础工业基地。要加快推进大型风电光伏基地建设，大力推进煤炭清洁高效利用，确保煤炭和电力稳定供应。

黄河流域生态保护和高质量发展扎实起步，污染防治、生态保护修复、深度节水控水等领域重大工程深入实施。按照《黄河流域生态保护和高质量发展规划纲要》提出的发展目标，到2030年，黄河流域人水关系进一步改善，流域治理水平明显提高，生态共治、环境共保、城乡区域协调联动发展的格局逐步形成，现代化防洪减灾体系基本建成，水资源保障能力进一步提升，生态环境质量明显改善，国家粮食和能源基地地位持续巩固，以城市群为主的动力系统更加强劲，乡村振兴取得显著成效，黄河文化影响力显著扩大，基本公共服务水平明显提升，流域人民群众生活更为宽裕，获得感、幸福感、安全感显著增强。

到2035年，黄河流域生态保护和高质量发展取得重大战略成果，黄河流域生态环境全面改善，生态系统健康稳定，水资源节约集约利用水平全国领先，现代化经济体系基本建成，黄河文化大发展大繁荣，人民生活水平显著提升。

到21世纪中叶，黄河流域物质文明、政治文明、精神文明、社会文明、生态文明水平大幅提升，在我国建成富强民主文明和谐美丽的社会主义现代化强国中发挥重要支撑作用。

只要我们保持历史耐心和战略定力，以功成不必在我的精神境界和功成必定有我的历史担当，既谋划长远，又干在当下，一张蓝图绘到底，一茬接着一茬干，我们就一定能让黄河成为造福人民的幸福河。

第七章
推动海南全面深化改革开放

——打造引领我国新时代对外开放的鲜明旗帜和重要开放门户

海南发展起步要晚些,但后发优势多、发展潜力大,具有许多独特的亮丽名片,如全国最大的经济特区、博鳌亚洲论坛永久举办地、国际旅游岛、洋浦开发区、热带农产品主产区等,这每一张名片都蕴藏着深厚发展潜力、孕育着重要发展生机,都可以做出一篇大文章、好文章。

——习近平

海南是我国最大的经济特区，具有实施全面深化改革和试验最高水平开放政策的独特优势。支持海南逐步探索、稳步推进中国特色自由贸易港建设，分步骤、分阶段建立自由贸易港政策和制度体系，是习近平总书记亲自谋划、亲自部署、亲自推动的改革开放重大举措，是党中央着眼国内国际两个大局，深入研究、统筹考虑、科学谋划作出的战略决策。在海南建设自由贸易港，是推进高水平开放，建立开放型经济新体制的根本要求；是深化市场化改革，打造法治化、国际化、便利化营商环境的迫切需要；是贯彻新发展理念，推动高质量发展，建设现代化经济体系的战略选择；是支持经济全球化，构建人类命运共同体的实际行动。

以国际旅游岛建设为总抓手

1988年4月13日，七届全国人大一次会议正式批准设立海南省，建立海南经济特区，一举将海南岛推向中国改革开放的最前沿。作为我国最年轻的省份、最大的经济特区，海南具有许多得天独厚的优势。它是我国唯一的热带岛屿省份，陆地面积3.54万平方公里，与台湾岛相当；海洋面积约200万平方公里，拥有1823公里海岸线；不仅有丰富的热带农业资源、海洋油气资源，更拥有青山绿水、碧海蓝天；等等。在一些地方发展眼睛盯着国内生产总值的一段时期里，海南提出了"一省两地"产业发展构想，立志建设中国的新兴工业省、中国热带高效农业基地、中国度假休闲旅游胜地。但在工业主导的架构下，海南对发展之路一度迷茫。

党的十八大以来,以习近平同志为核心的党中央高瞻远瞩、统筹谋划,立足海南实际,作出一系列重大决策部署,为新时代海南发展指明了前进方向、规划了清晰路径,推动海南经济社会各项事业取得历史性成就、实现历史性变革,创造了中国特色社会主义的实践范例,谱写了美丽中国的海南篇章。

党的十八大之后,2013年4月,习近平总书记首次到海南考察工作。这也是海南迎来建省办经济特区25周年的重要历史节点。习近平总书记深情地说:"从中央决定海南建省办经济特区开始,我们就决心把海南岛好好发展起来,海南的同志一定要埋头苦干、奋起直追,使海南成为实践中国特色社会主义的生动范例,我们要有这样的雄心壮志。"① 习近平总书记强调,海南作为全国最大经济特区,后发优势多,发展潜力大,要以国际旅游岛建设为总抓手,闯出一条跨越式发展路子来,争创中国特色社会主义实践范例,谱写美丽中国海南篇章。

一路上,习近平总书记集中了解国际旅游岛建设的进展。他强调,加快建设国际旅游岛是中央的重大决策,也是海南的最大机遇和最强比较优势。随着海南国际旅游岛建设步伐的加快,这里的邮轮、游艇产业迅速崛起。邮轮港,是海南对外开放的一个重要窗口。在我国第一座可停靠八万吨邮轮的国际码头——三亚凤凰岛国际邮轮港,习近平总书记强调,改革开放是发展海南的关键一招,希望海南发扬经济特区

---

① 黄晓华:《美丽篇章藉春风——习近平总书记考察海南纪实》,《海南人大》2013年第5期。

敢闯敢试敢为人先的精神，在打造更具活力的体制机制，拓展更加开放的发展局面上走在全国前列。习近平总书记指出，海南对外开放基础较好，具有面向东盟最前沿的区位优势，又是一个独立的地理单元，应该在开放方面先走一步，希望海南积极探索，实施更加开放的投资、贸易、旅游等政策，为全国发展开放型经济提供新鲜经验。

习近平总书记十分关心海南生态文明建设，每到一地都要同当地干部共商生态环境保护大计。他指出，保护生态环境就是保护生产力，改善生态环境就是发展生产力。良好生态环境是最公平的公共产品，是最普惠的民生福祉。青山绿水、碧海蓝天是建设国际旅游岛的最大本钱，必须倍加珍爱、精心呵护。他希望海南处理好发展和保护的关系，着力在"增绿""护蓝"上下功夫，为全国生态文明建设当个表率，为子孙后代留下可持续发展的"绿色银行"。

海南热带农业资源丰富，发展特色农业有得天独厚的条件。在集玫瑰种植、玫瑰文化展示、旅游休闲度假于一体的玫瑰主题产业园——三亚亚龙湾兰德玫瑰风情产业园——考察时，习近平总书记指出，独特的地理位置、丰富的作物资源、优越的自然环境，为海南发展热带特色农业提供了得天独厚的条件，要加快农业发展方式转变，促进农业结构优化，推动传统农业向标准化、品牌化、产业化的现代农业转型升级，做强做精做优热带特色农业，使热带特色农业真正成为优势产业和海南经济的一张王牌。

在2013年的这次考察中，习近平总书记要求海南"要勇于冲破思想观念的束缚和利益固化的藩篱，在完善基本经济制度和深化收入分配制度改革、行政管理体制改革、行政审批制度改革、财税金融体制改革、城乡发展一体化改革等方面取得更大进展，为海南发展注入强劲动力"①。这为海南列出了改革任务清单。此后，海南发扬敢闯敢试、敢为人先、埋头苦干的特区精神，掀起了新一轮全面深化改革的大潮。

其中，海南的"多规合一"改革两次上了中央全面深化改革领导小组的会议。2015年6月，习近平总书记主持召开中央全面深化改革领导小组第十三次会议，同意将海南作为全国第一个以省域为单位开展"多规合一"改革试点省份。当年9月，《海南省总体规划（2015—2030）纲要》发布，统筹整合六大空间规划，确保海南发展"一张蓝图干到底"。随后，海南成立全国首个省级规划委、梳理化解规划矛盾、划定生态红线、限定开发边界、优化空间布局、统筹全省产业发展。2016年6月，习近平总书记主持召开中央全面深化改革领导小组第二十五次会议，称海南"多规合一"改革"迈出了步子、探索了经验"，并要求中央有关部门加强统筹指导，给予海南充分肯定和鼓舞。

在"多规合一"的一张蓝图之下，"无序开发""无限制扩张"得到有效遏制。比如，在海口市，建设规模为1.28万亩的南渡江流域某土地整治项目被叫停；在乐东县，尖峰镇海滨村数十栋楼房因处于海岸线200米生态保护红线区内被依法拆除；在儋州市，光村银滩某项目将30多公顷的建设用地调整为海防林；等等。

党的十八大至十九大之间的五年，海南各项事业实现了跨越式

---

① 黄晓华：《美丽篇章藉春风——习近平总书记考察海南纪实》，《海南人大》2013年第5期。

发展：2017年全省实现地区生产总值4462.5亿元，五年间迈上两个千亿台阶，年均增长8.1%；城乡居民人均收入分别年均增长9.6%和11.7%；服务业对经济增长贡献率达79.5%，旅游业转型升级步伐加快，年接待游客总人数从3320万人次跃升到6745万人次；基础设施建设取得重大突破，城乡面貌焕然一新；改革开放纵深推进，体制机制活力彰显；生态保护与建设力度加大，环境质量持续全国领先。

海南的"放管服"改革起步早、力度大，走在全国前列，推行"极简审批""不见面审批"，五年累计减少审批事项1206项，减幅达80.4%；新一轮农垦改革破局开路，瞄准体制机制深层次问题，全面完成农场转企改制和垦区集团化改革，为全国农垦改革提供"海南经验"；司法体制改革先行先试，生态文明体制改革持续深化，盐业体制改革顺利完成，林业、空域精细化管理等改革取得重要进展，"三医联动"等改革顺利推进；等等。改革春风激活了经济发展的"一池春水"，在这五年间，海南新增市场主体31.8万户，全省67万市场主体朝气勃发。

海南以开放倒逼改革，五年间开展了一系列高层次外交外事活动和区域经贸文化交流活动，形成了全方位、多层次、宽领域的对外开放新格局。博鳌镇从昔日名不见经传的小镇，成为如今风云际会的"亚洲之星"，博鳌亚洲论坛已成为海南不断走向开放、不断融入世界的重要平台和提升国际知名度的重要名片。充分发挥地理优势，积极融入和参与"一带一路"建设，出台《海南省参与"一带一路"建设对外交流合作五年行动计划》，海口、三亚成为国家"一带一路"重要支点。2017年，海南省与海上丝绸之路沿线国贸易额同比增长

14.8%。以国际旅游岛建设为契机，海南正以更加开放的姿态向世界张开怀抱。

在此期间，海南按照习近平总书记"做强做精做优热带特色农业"的要求，大力促进农业结构优化，推动传统农业向标准化、品牌化、产业化的现代农业转型升级。淘汰低效农业产业和品种，"腾笼换鸟"打造国家冬季瓜菜生产基地、热带水果和花卉基地。比如，累计调减甘蔗等低效经济作物51.3万亩，冬季瓜菜生产规模扩大至300万亩；打造乐东蜜瓜、陵水圣女果等高效益水果品牌，初步建成有全国影响力的热带菊花和鲜切叶生产基地等。2017年，海南农业增加值1012.46亿元，其中热带特色高效农业增加值占比达75%，全省各市县农民人均收入首次全部超过一万元。

在此期间，海南紧紧抓住国际旅游岛建设这个"总抓手"，加快形成以旅游业为龙头、现代服务业为主导的服务业产业体系。海南旅游业转型升级步伐加快，全域旅游示范省创建顺利开展，旅游业质量效益不断提升，海洋旅游、康养旅游、森林生态游等特色旅游方兴未艾，全球唯一的环岛高铁通车、博鳌机场建成使用、岛内田字形高速公路加快建设。海南不断加强旅游公共服务体系建设，先后出台八部旅游法规，深入推进旅游综合执法，旅游投诉量连年下降，游客满意度持续提升。

生态保护，是推进国际旅游岛建设的根本前提。在此期间，海南落实习近平总书记"着力在'增绿'和'护蓝'上下功夫"的指示精神，开展绿化宝岛大行动，五年造林近200万亩，森林覆盖率达62.1%；对全岛1823公里海岸线进行专项整治，收回岸线土地8765亩。海南牢牢坚持生态立省战略，将生态环境列为海南"三大优势"之首，采取一系列措施，取消12个市县GDP、固定资产投资和工业增加值的考核，坚决查处环境违法案件，推动生态文明建设成效显著、亮点频现，全省环境空气质量优良天数比例保持在98%以上，海口市环境空气质量在全国74个考核城市中连续五年排名第一。

海南省地域小、人口少，实行省直管市县的体制，随着经济不断发展，最有条件搞好基本公共服务均等化。海南大力推动建立健全城乡融合发展体制机制和政策体系，城市与乡村建设齐头并进，基本公共服务均等化加快推进，人民生活水平大幅提高。在此期间，海南坚持"小财政"办"大民生"，财政支出70%以上投入民生，57件民生实事如期全面完成；脱贫攻坚取得决定性进展，五年减少贫困人口61.7万、整村脱贫出列517个；城镇和农村常住居民人均可支配收入年均增长8.6%和10.5%；五项职工社会保险和居民养老、医疗保险实现全省统筹、全省覆盖，低保应保尽保。

形成更高层次改革开放新格局

党的十九大召开后不久，2018年4月，博鳌亚洲论坛年会举行，来自世界各地的数千名政商精英聚首，共话"开放创新的亚洲，繁荣发展的世界"，也在中国改革开放40年之际，共同见证我国最大经济特区海南所发生的人间奇迹。

2018年4月11日至13日，习近平总书记在出席博鳌亚洲论坛2018年年会有关活动后，先后来到琼海、三亚、海口等地，深入农村、科研单位、政务中心，考察调研经济社会发展情况。习近平总书记强调，要以更高的站位、更宽的视野、更大的力度谋划和推进改革开放，充分发挥生态环境、经济特区、国际旅游岛的优势，真抓实干加快建设美好新海南。

4月13日，习近平总书记在庆祝海南建省办经济特区30周年大会上讲话指出，海南要着力打造全面深化改革开放试验区、国家生态文明试验区、国际旅游消费中心、国家重大战略服务保障区，形成更高层次改革开放新格局。

在大会上，习近平总书记郑重宣布，党中央决定支持海南全岛建设自由贸易试验区，支持海南逐步探索、稳步推进中国特色自由贸易港建设，分步骤、分阶段建立自由贸易港政策和制度体系。这是党中央着眼于国际国内发展大局，深入研究、统筹考虑、科学谋划作出的重大决策，是彰显我国扩大对外开放、积极推动经济全球化决心的重大举措。

第二天，中共中央、国务院《关于支持海南全面深化改革开放的指导意见》发布，赋予海南经济特区改革开放新的重大责任和使命，建设自由贸易试验区和中国特色自由贸易港，也为海南深化改革开放注入了强大动力。该指导意见提出27项具体举措，以海南为新标杆，向世界展现中国更高起点推动改革开放的新蓝图。新定位、新战略、新布局，赋予了海南未来无限的创新发展空间。

自海南建省办经济特区以来，30年波澜壮阔的奋斗历程和从未停止的探索实践，让昔日的边陲海岛跃升为美丽繁荣的国际旅游岛和活力迸发的经济特区。同时，当今世界正在经历新一轮大发展大变革大调整，保护主义、单边主义抬头，经济全球化遭遇更大的逆风和回头浪。近年来，我国批准建立了18个自由贸易试验区，制度创新的红利持续释放，市场主体数量大幅增加，对区域经济的辐射带动能力不断增强。在更深层意义上，自由贸易试验区有效推进改革向纵深发展，引领了开放新模式和新阶段的实践探索，有力推动了高质量发展。然而，在贸易保护主义抬头的形势下，"单兵突进""微创新"的模式，已很难满足高水平开放、高质量发展的新时代要求，需要一块能发挥改革系统集成作用的试验田。作为我国最大的经济特区，海南正是这块重要的试验田。在此背景下，党中央决定在海南建设自由贸易港意义重大、影响深远。

第一，这是探索和推进更高水平开放的战略选择。回望改革开放40年，我国对外开放领域从货物贸易向投资、金融、服务等多个方面逐步展开；开放平台从海关特殊监管区域向自由贸易试验区逐渐扩大；开放范围由经济特区向沿海沿边开放，再到以"一带一路"建设为重点的陆海内外联动、东西双向互济的开放格局深入推进。开放每前进一步，都有力地推动了我国的改革发展。在海南建设自由贸易港，通过学习借鉴国际知名自由贸易港先进经验，对接国际高标准经贸规则，探索形成具有国际竞争力的开放制度体系，有利于为我国更深层次地适应和运用并积极参与国际经贸规则制定提供重要平台。

第二，这是加快完善社会主义市场经济体制的时代要求。随着我国经济体制改革进入攻坚期和深水区，体制性障碍、机制性梗阻和政策创新不足等问题日益凸显，重大改革每推进一步，都是难啃的"硬骨头"，都有可能面临"险滩"。我国需要在进一步放宽市场准入、推动产权保护和要素市场化配置、保障公平竞争等方面，深入推进改革完善这些制度。海南是我国最大的经济特区、重要的试验田。在海南建设自由贸易港，就是要以更高水平开放促进更深层次改革，打破现有的观念束缚、政策障碍和利益藩篱，为加快完善社会主义市场经济体制探索新路径、积累新经验。

第三，这是贯彻新发展理念推动高质量发展的重大举措。我国经济已由高速增长阶段转向高质量发展阶段，正处在转变发展方式、优化经济结构、转换增长动力的攻关期。海南拥有全国最好的生态环境，如何在保护好海南这一中华民族四季花园的同时实现经济持续健康发展，让绿水青山源源不断带来金山银山，是高质量发展的应有之义。在海南建设自由贸易港，就是要推动海南将生态优势和开放优势相融合，积极引进国际先进技术、高端人才和创新经验，打造包括资本、知识、技术、管理、数据在内的全球优质生产要素集聚区，形成特色鲜明、具有较强竞争力的优势产业，为全国高质量发展提供典型示范。

第四，这是旗帜鲜明反对保护主义支持经济全球化的实际行动。在海南建设自由贸易港，就是要用实际行动向世界表明，中国开放的大门不会关闭，只会越开越大；就是要以新一轮高水平对外开放支持和推动经济全球化，为维护全球自由贸易、完善全球治理体系、加快世界经济复苏注入新的动力。①

2019年11月，党中央、国务院组织召开海南自由贸易港建设总

---

① 以上四点参见何立峰：《在海南建设中国特色自由贸易港 引领更高层次更高水平开放型经济发展》，《人民日报》2020年6月2日。

体方案专家座谈会和推进海南全面深化改革开放领导小组专题会议。会议要求高点定位、突出特色，抓紧做好海南自由贸易港建设总体方案编制工作。强调要提高政治站位，对标世界最高水平的开放形态，突出贸易投资自由便利，努力在政策制度体系上实现重大突破。要赋予海南更大改革自主权，打破体制机制束缚和障碍，对接国际经贸新规则，加快建立开放型经济新体制，推动形成全面开放新格局。

2020年3月20日，中共中央、国务院印发《海南自由贸易港建设总体方案》。这是为深入贯彻习近平总书记在庆祝海南建省办经济特区30周年大会上的重要讲话精神，落实中共中央、国务院关于《支持海南全面深化改革开放的指导意见》要求，加快建设高水平的中国特色自由贸易港而制定的。

致力于将海南自由贸易港打造成为引领我国新时代对外开放的鲜明旗帜和重要开放门户，《海南自由贸易港建设总体方案》借鉴国际经验、体现中国特色、符合海南定位、突出改革创新、坚持底线思维，明确了到2025年、2035年、21世纪中叶的发展目标。为建立与高水平自由贸易港相适应的政策制度体系，《海南自由贸易港建设总体方案》从贸易自由便利、投资自由便利、跨境资金流动自由便利、人员进出自由便利、运输来往自由便利、数据安全有序流动等11个方面，共推出39项具体改革举措和制度安排，同时分步骤分阶段安排了2025年前、2035年前的重点任务，对组织实施提出了明确要求。

《海南自由贸易港建设总体方案》的主要内容可以概括为"6+1+4"。"6"，即贸易自由便利、投资自由便利、跨境资金流动自由便利、人员进出自由便利、运输来往自由便利、数据安全有序流动。"1",即构建现代产业体系。特别强调要突出海南的优势和特色,大力发展旅游业、现代服务业和高新技术产业,进一步夯实实体经济的基础,增强经济创新力和竞争力。"4",即加强税收、社会治理、法治、风险防控等四个方面的制度建设。

从现实情况看,自由贸易港的建设需要有大流量的经济活动支撑,需要经过几十年甚至上百年的发展与积累才能实现。目前,海南经济体量较小,人流、物流、资金流、信息流不足,短期内难以一蹴而就,建成高水平的自由贸易港,必须久久为功、循序渐进,既"慢不得",也"急不得"。《海南自由贸易港建设总体方案》提出,分两个阶段推进海南自由贸易港建设。2025年前,要着力打基础、补短板、强弱项,加快落实政策早期安排,为在条件成熟时及时实施全岛封关运作做好准备;2035年前,要全面推进各项政策落地,实现各类要素便捷高效流动,基本形成成熟的自由贸易港制度体系和运作模式。只有统筹安排好开放节奏和进度,才能确保海南自由贸易港建设行稳致远。

在海南建设中国特色社会主义自由贸易港是一项全新的探索,既没有先例可循,又不能简单照搬西方自由贸易港发展模式,必须确保方向不偏、路子不歪、健康发展。一要坚持中国特色,把好建设海南自由贸易港的方向。海南自由贸易港既要具备自由贸易港的基本要素,更要充分体现中国特色,遵循社会主义制度。二要坚持海南实际,把准建设海南自由贸易港的路径。海南是相对独立的地理单元,偏离国际主航线,自身缺乏足够的发展腹地,不适宜大规模发展加工贸易。建设海南自由贸易港,必须扬长避短、有所为有所不为。三要坚持先立后破,把握建设海南自由贸易港的原则。在改革过程中,要把握好改革、发展、稳定的关系，坚持"先立后破、不立不破"。四要坚持在"管得住"的基础上再"放得开"，把牢建设海南自由贸易港的安全屏障。自由贸易港中的"自由"是有限度的，其底线就是不发生系统性风险。

2020年5月，习近平总书记对海南自由贸易港建设作出指示，在海南建设自由贸易港，是党中央着眼于国内国际两个大局、为推动中国特色社会主义创新发展作出的一个重大战略决策，是我国新时代改革开放进程中的一件大事。要坚持党的领导，坚持中国特色社会主义制度，对接国际高水平经贸规则，促进生产要素自由便利流动，高质量高标准建设自由贸易港。要把制度集成创新摆在突出位置，解放思想、大胆创新，成熟一项推出一项，行稳致远，久久为功。

习近平总书记强调，海南省要认真贯彻党中央决策部署，把准方向、敢于担当、主动作为，抓紧落实政策早期安排，以钉钉子精神夯实自由贸易港建设基础。中央和国家有关部门要从大局出发，支持海南大胆改革创新，推动海南自由贸易港建设不断取得新成效。

《海南自由贸易港建设总体方案》发布实施以来，有关方面深入贯彻落实习近平总书记重要指示精神，早期政策逐步落地见效，重大功能平台作用凸显，风险防控体系加快构建，"十四五"海南自由贸易港建设实现良好开局。

2021年6月10日，《中华人民共和国海南自由贸易港法》正式实施，为海南自由贸易港建设开展制度集成创新、系统协调推进各项改革提供了立法引领和法律保障。《中华人民共和国海南自由贸易港法》出台一年多来，海南省人大常委会依法运用自由贸易港法规制定权，紧紧围绕自由贸易港建设急需，在改革创新、产业发展、生态保护等方面加强立法，先后制定17件自由贸易港法规，发挥了法治固根本、稳预期、利长远的重要作用，给国内外投资者和建设者增添信心，为海南全面深化改革开放和自由贸易港建设打下良好法治基础。

加快建设具有世界影响力的中国特色自由贸易港

2022年4月，习近平总书记再一次来到海南。自1988年建省办经济特区以来，这个全国最大的经济特区走过了34年；自宣布启动海南逐步探索、稳步推进中国特色自由贸易港建设，已有四年光景。海南自由贸易港建设进展明显，整体推进蹄疾步稳、有力有序。习近平总书记在考察中强调，要解放思想、开拓创新，团结奋斗、攻坚克难，加快建设具有世界影响力的中国特色自由贸易港，让海南成为新时代中国改革开放的示范。

11日上午，习近平总书记来到三亚国际免税城，实地了解离岛免税政策落地实施等情况。在这里，习近平总书记谈及海南定位："过去争论很多啊，上个大的石化基地，上个钢铁项目，搞个先进制造业基地。经过30年持续摸索，决定就抓这几样：旅游业、现代服务业、高新技术产业、热带特色高效农业。"[①]他指出，要更好发挥消费对经济发展的基础性作用，依托国内超大规模市场优势，营造良好市场

---

① 杜尚泽等：《"探索试验蹚出来一条路子"——记习近平总书记赴海南考察调研》，《人民日报》2022年4月15日。

环境和法治环境，以诚信经营、优质服务吸引消费者，为建设中国特色自由贸易港作出更大贡献。

12日上午，习近平总书记来到地处海南岛西北部的洋浦经济开发区考察。1992年，伴随着海南建省办经济特区的发展热潮，洋浦经济开发区设立，成为我国首个外商投资成片开发、享受保税区政策的国家级开发区。在《海南自由贸易港建设总体方案》中，洋浦又被赋予了打造海南自由贸易港建设先行区、示范区的重任。习近平总书记指出，洋浦经济开发区作为海南自由贸易港先行区、示范区，要总结好海南办经济特区经验，用好"中国洋浦港"船籍港的政策优势，大胆创新、先行先试。在保税港区内一个颇具代表性的码头——洋浦国际集装箱码头小铲滩港区，习近平总书记强调，振兴港口、发展运输业，要把握好定位，增强适配性，坚持绿色发展、生态优先，推动港口发展同洋浦经济开发区、自由贸易港建设相得益彰、互促共进，更好服务建设西部陆海新通道、共建"一带一路"。

13日上午，习近平总书记在参观海南全面深化改革开放和中国特色自由贸易港建设成果展后，听取了海南省委和省政府工作汇报。省负责同志详细介绍了海南"1348"战略框架："'一本'，指的是总书记关于海南工作的系列重要讲话和指示批示；'三基'，两份中央文件和一部国家立法；'四梁'，全面深化改革开放试验区、国家生态文明试验区、国际旅游消费中心、国家重大战略服务保障区；'八柱'，从政策环境到组织领导体系的全方位保障。"习近平总书记听后语重心长地说："'1348'，相当于浙江的八八战略。关键是形成了共识，升华了认识水平。过去吵来吵去的事情，现在统一了。知道了哪个是人间正道,就这么坚定走下去。"①

听取工作汇报后,习近平总书记发表重要讲话,表示希望海南以功成不必在我的精神境界和功成必定有我的历史担当,把海南自由贸易港打造成展示中国风范的亮丽名片。

习近平总书记指出,推进自由贸易港建设是一个复杂的系统工程,要做好长期奋斗的思想准备和工作准备。要继续抓好《海南自由贸易港建设总体方案》和《中华人民共和国海南自由贸易港法》贯彻落实,把制度集成创新摆在突出位置,强化"中央统筹、部门支持、省抓落实"的工作推进机制,确保海南自由贸易港如期顺利封关运作。要坚持党的领导不动摇,自觉站在党和国家大局上想问题、办事情,始终坚持正确政治方向。要坚持中国特色社会主义制度不动摇,牢牢把握中国特色社会主义这个定性。要坚持维护国家安全不动摇,加强重大风险识别和防范,统筹改革发展稳定,坚持先立后破、不立不破。

习近平总书记强调,要把海南更好发展起来,贯彻新发展理念、推动高质量发展是根本出路。要聚焦发展旅游业、现代服务业、高新技术产业、热带特色高效农业,加快构建现代产业体系。要加快科技体制机制改革,加大科技创新和成果转化力度。要突出陆海统筹、山海联动、资源融通,推动城乡区域协调发展。要着力破除各方面体制机制弊端,形成更大范围、更宽领域、更深层次对外开放格局。

近些年,海南在以下几个方面取得了突出成绩:

---

① 杜尚泽等:《"探索试验蹚出来一条路子"——记习近平总书记赴海南考察调研》,《人民日报》2022年4月15日。

一是着力破除体制机制弊端，不断解放和发展社会生产力。海南在这方面的主要做法是，以满足群众、社会和市场主体需求为目的，把制度集成创新摆在突出位置，注重制度顶层设计，突破体制机制障碍，整合优势资源要素，实施跨领域、跨行业、跨部门、跨地区的系统性、整体性、协同性改革创新。据统计，截至2022年4月，海南已发布13批123项制度创新案例，全面推进"放管服"改革，推行园区极简审批，营商环境进一步得到优化。海南自由贸易港的建设，既充分体现中国特色，又加快与国际投资贸易规则接轨，在贸易自由便利、投资自由便利、跨境资金流动自由便利、人员进出自由便利、运输来往自由便利等11个方面出台了多项具体政策和改革举措，初步形成具有全球竞争力的开放政策和制度体系。

二是建设现代化经济体系，优化产业布局。海南充分利用政策优势，整合优质资源，统一谋划产业布局，积极招商引资，积极调整产业结构，加快建立以旅游业、现代服务业、高新技术产业和热带特色高效农业为支撑的现代产业体系。另外，海南加快培育以南繁、深海、航天等"陆海空"为主的三大未来产业，重点发展旅游、互联网、医疗健康、金融、会展等现代服务业，加快服务贸易创新发展。海南还实施更加开放便利的离岛免税购物政策，把部分到国外的消费转化为内需。据统计，2021年海南全省离岛免税购物销售额601.73亿元，比上年增长84%。2021年海南全年货物贸易进出口规模首次突破千亿，服务贸易进出口额增长54.8%。

三是树立和践行绿水青山就是金山银山的理念，打造一流生态环境。海南坚持生态优先、绿色发展，扎实推进国家生态文明试验区建设和清洁能源岛建设，实行全面"禁塑"，装配式建筑面积连续三年翻番，历史性实现全岛生活垃圾"零填埋"，生态环境质量持续保持全国领先，旨在打造一流生态环境，确保把绿水青山、碧海蓝天留给子孙后代。海南实行最严格的生态环境保护制度，率先建立现代生态环境和资源保护监管体制，积极开展国家公园体制试点，海南热带雨林国家公园体制试点通过国家验收。

四是坚持以人民为中心的发展思想，着力保障和改善民生。建设海南自由贸易港，要始终坚持以人民为中心的发展思想，着力解决人民群众关心的现实利益问题，不断促进社会公平正义，让广大人民群众共享改革发展成果。多年来，海南坚持把财政支出的75%以上投入民生领域，已高质量打赢了脱贫攻坚战，5个贫困县全部摘帽，600个贫困村全部出列，65万名建档立卡贫困人口全部脱贫。海南还加快建设安居型商品住房，满足岛内居民和引进人才住房需求；大力引进人才，提高教育和医疗水平，基本实现"家门口上好学"和"小病不进城、大病不出岛"。

按照《海南自由贸易港建设总体方案》的安排扎实推进，海南到2025年将初步建立以贸易自由便利和投资自由便利为重点的自由贸易港政策制度体系，实施全岛封关运作；到2035年成为我国开放型经济新高地；到21世纪中叶全面建成具有较强国际影响力的高水平自由贸易港。届时，一个具有较强国际影响力的高水平自由贸易港，必将闪耀在中国的南海之滨。

第八章
深入推进"四大板块"协调发展

——形成主体功能明显、优势互补、高质量发展的区域经济布局党中央通过了《关于新时代推进西部大开发形成新格局的指导意见》。这是党中央从全局出发作出的重大决策部署，对决胜全面建成小康社会、开启全面建设社会主义现代化国家新征程具有重大而深远的意义。

东北地区建设现代化经济体系具备很好的基础条件，全面振兴不是把已经衰败的产业和企业硬扶持起来，而是要有效整合资源，主动调整经济结构，形成新的均衡发展的产业结构。

中部地区这个"脊梁"要更硬一点，"补补钙"，发挥更大的支撑作用。

东部地区在全面建成小康社会、全面深化改革、全面推进依法治国中争当排头兵，对于全国实现"两个一百年"奋斗目标具有重要作用。

——习近平

20世纪90年代中后期以来,党中央在继续鼓励东部地区率先发展的同时,相继作出实施西部大开发、振兴东北地区等老工业基地、促进中部地区崛起等重大战略决策。至此,中国的区域划分由过去的沿海与内陆和东、中、西部明确变为东、中、西、东北"四大板块"。党的十八大以来,以习近平同志为核心的党中央在着力实施区域发展重大战略的同时,继续深入实施西部开发、东北振兴、中部崛起、东部率先的区域发展总体战略,创新区域发展政策,完善区域发展机制,进一步促进区域协调、协同、共同发展。

强化举措推进西部大开发形成新格局

强化举措推进西部大开发形成新格局,是以习近平同志为核心的党中央从全局出发,顺应中国特色社会主义进入新时代、区域协调发展进入新阶段的新要求,统筹国内国际两个大局作出的重大决策部署。新时代继续做好西部大开发工作,对于增强防范化解各类风险能力,促进区域协调发展,决胜全面建成小康社会,开启全面建设社会主义现代化国家新征程,具有重要现实意义和深远历史意义。

我国西部地区包括重庆、四川、贵州、云南、西藏、陕西、甘肃、青海、宁夏、新疆(含兵团)、内蒙古、广西等12省(区、市),面积占全国国土面积的70%以上,地域广阔,关乎国家总体发展。1999年的世纪之交,随着我国综合国力显著增强,国家支持西部地区加快发展的条件基本具备,党中央作出实施西部大开发战略的决定。该战略实施后,按照重点先行、适当超前的方针,国家加大规划指导、政策扶持、项目安排等支持保障力度，通过优先安排基础设施建设、增加财政转移支付等措施，建设了青藏铁路、西电东送、西气东输等标志性工程，有力地推动了西部地区的经济发展和社会进步，一度发展缓慢的中国西部开启了跨越式发展新阶段。实施西部大开发战略，对加强民族团结、保持社会稳定、发展中国同相邻国家的经贸合作、平衡地缘政治力量、巩固西部边防、确保国家发展与安全获得战略纵深和广阔的回旋余地，都产生了重大影响。

进入新时代，党中央、国务院继续实施西部大开发战略。党的十八大以来，经略西部地区、破解区域发展不平衡不充分问题，始终是习近平总书记谋划的大事。他高度重视西部地区经济社会持续健康发展，赴西部省份考察20多次，深入基层边疆一线，发表系列重要讲话，为新时代西部大开发把脉定向。

2015年1月，在云南调研时，习近平总书记希望云南主动服务和融入国家发展战略，闯出一条跨越式发展的路子来，努力成为民族团结进步示范区、生态文明建设排头兵、面向南亚东南亚辐射中心，谱写好中国梦的云南篇章。

2016年7月，习近平总书记到宁夏考察工作，希望宁夏在西部大开发中不断闯出新路、创造美好前景。19日，他来到银川市永宁县闽宁镇原隆移民村。这里是20年前他亲自提议福建和宁夏共同建设的生态移民点。1997年，时任福建省委副书记的习近平来宁夏扶贫，推动实施了一项重大工程——"吊庄移民"，即让生活在"一方水土养活不了一方人"的西海固群众，搬迁到贺兰山脚下的黄河灌区。他还将移民村庄命名为"闽宁村"，并说"闽宁村现在是个干沙滩，将来会是一个金沙滩"。20 年过去了,这里已经从当年只有 8000 人的贫困移民村发展成为拥有 6 万多人的"江南小镇",真的从当年的干沙滩变成了今天的金沙滩。习近平总书记说:"看到这里的移民新村建设得很规整、很漂亮,大家摆脱了过去的贫困日子,我打心眼里感到高兴。"[①] 他强调,东西部扶贫协作是加快西部地区贫困地区脱贫进程、缩小东西部发展差距的重大举措,必须长期坚持并加大力度。

2017 年 4 月,在广西考察工作时,习近平总书记强调广西要立足独特区位,释放"海"的潜力,激发"江"的活力,做足"边"的文章,全力实施开放带动战略,推进关键项目落地,夯实提升中国—东盟开放平台,构建全方位开放发展新格局。这年 9 月,一条纵贯中国西部的"新动脉"吸引了世界的目光,这就是中新互联互通国际陆海贸易新通道。经此通道,货物由重庆向南经贵州等省区市,通过广西沿海沿边口岸通达东盟,向北可通过中欧班列连接中亚、欧洲地区,从而形成"一带一路"的完整环线。

党的十八大以来,在以习近平同志为核心的党中央坚强领导下,西部地区经济社会发展取得重大历史性成就,为决胜全面建成小康社会奠定了比较坚实的基础,也扩展了国家发展的战略回旋空间。但同时,西部地区发展不平衡不充分问题依然突出,巩固脱贫攻坚任务依然艰巨,与东部地区发展差距依然较大,维护民族团结、社会稳定、国家安全任务依然繁重,仍然是全面建成小康社会、实现社会主义现代化的短板和薄弱环节。

---

① 习近平在宁夏考察时的讲话,《人民日报》2016 年 7 月 21 日。

2017年10月,党的十九大报告提出"强化举措推进西部大开发形成新格局"。

2019年3月19日,中央全面深化改革委员会召开会议,审议通过《关于新时代推进西部大开发形成新格局的指导意见》。会议强调,推进西部大开发形成新格局,要围绕抓重点、补短板、强弱项,更加注重抓好大保护,从中华民族长远利益考虑,把生态环境保护放到重要位置,坚持走生态优先、绿色发展的新路子;要更加注重抓好大开放,发挥共建"一带一路"的引领带动作用,加快建设内外通道和区域性枢纽,完善基础设施网络,提高对外开放和外向型经济发展水平;要更加注重推动高质量发展,贯彻落实新发展理念,深化供给侧结构性改革,促进西部地区经济社会发展与人口、资源、环境相协调。

4月,习近平总书记在重庆考察时指出,党中央通过的《关于新时代推进西部大开发形成新格局的指导意见》,是从全局出发作出的重大决策部署,对决胜全面建成小康社会、开启全面建设社会主义现代化国家新征程具有重大而深远的意义。他要求重庆要抓好贯彻落实,在推进西部大开发形成新格局中展现新作为、实现新突破。

5月2日,在西部大开发战略实施20周年之际,中共中央、国务院印发《关于新时代推进西部大开发形成新格局的指导意见》,吹响新一轮西部大开发的号角。该指导意见提出,西部地区要形成大保护、大开放、高质量发展的新格局,推动经济发展质量变革、效率变革、动力变革,促进西部地区经济发展与人口、资源、环境相协调,实现更高质量、更有效率、更加公平、更可持续发展。

首先,抓好大保护是西部大开发的底色。西部地区是我国重要的生态安全屏障，也是长江、黄河、澜沧江等许多大江大河的发源地。西部生态环境问题不仅关系着西部地区，更关系全国，关系到中华民族的子孙后代。多年来，西部地区把生态环境保护放到突出重要位置，深入实施退耕还林、退牧还草、天然林保护、三北防护林、石漠化综合治理等重点生态工程，生态环境质量持续改善。党的十八大以来，中央把生态文明建设纳入中国特色社会主义"五位一体"总体布局，开展了一系列根本性、开创性、长远性工作，着力守护良好生态环境这个最普惠的民生福祉。西部民族地区是我国资源富集区，同时也是生态脆弱区。西部生态脆弱，推进新时代西部大开发，"大保护"被摆在突出位置。"大"，既意味着空前的保护力度，更激发着全新的保护机制。

  2016年4月，国务院办公厅印发《关于健全生态保护补偿机制的意见》，正式确定了重点领域、重点区域、流域上下游以及市场化补偿机制的基本框架。其中，西部地区纳入重点生态功能区转移支付范围的县（市、区、旗）占全国的60%以上。在中央转移支付这一纵向的生态保护补偿之外，多元化横向生态补偿机制也在不断完善。比如，云南、贵州、四川三省签订赤水河流域横向生态补偿协议，广西、贵州等地开展省（区）内跨市流域上下游补偿。西部地区还深入开展祁连山、大熊猫、三江源、普达措等国家公园体制试点，不断刷新自然资源保护理念和管理体制。比如，青海的三江源国家公园体制改革，让水资源量增加84亿立方米，生态补偿制度推动牧民群众从生态的利用者变成生态的守护者。在西藏，生态保护红线面积已达60.8万平方公里，全自治区一半的区域都被列入最严格的保护范围；在贵州，作为首批国家生态文明试验区之一,全省共划定1332个生态环境分区管控单元,精准开展生态保护。在宁夏,每5度电中就有1度是新能源电力,越来越多的绿电通过"西电东送"通道输送到全国多地。截至2020年年底,西部地区累计实施退耕还林还草超过1.37亿亩,森林覆盖率超过19.3%。从沟壑纵深的黄土高原,到雄肆苍茫的青藏高原,再到色彩斑斓的云贵高原,绿色正成为西部地区发展的底色。

其次,抓好大开放是西部大开发的引擎。我国有陆地边境线2.2万公里,其中1.9万公里在民族自治地区。西部民族地区在基础设施建设、科技创新能力、现代化产业体系等方面存在诸多不足,必须抓重点、补短板、强弱项,形成高质量发展新格局。要充分发挥西部民族地区沿边沿疆的区位优势和开放开发空间大的后发优势,实行更加积极的开放政策,不断提升对外开放水平,形成大开放的新格局。进入新时代,西部把扩大开放作为推动发展的引擎,着力打通大通道、构建开放型经济新体制,在我国新一轮高水平对外开放中正迎头赶上,逐步从开放末梢走向开放前沿,成为我国陆海内外联动、东西双向互济开放格局的重要组成部分。

2017年以来,在中新(重庆)战略性互联互通示范项目框架下,我国西部相关省区市与新加坡携手合作,以重庆为运营中心,以广西北部湾为陆海联运门户,打造有机衔接"一带一路"的中新互联互通国际陆海贸易新通道,成为西部内陆开放的一道亮丽新风景。比如,广西抓住中国—东盟合作、"一带一路"建设等重大机遇,把扩大开放作为推动发展的关键举措,加快构建"南向、北联、东融、西合"全方位开放发展新格局,着力走活开放发展这盘棋。而四通八达的国际大通道，让山城重庆成为重要枢纽，向西中欧班列直达欧洲，向南"陆海新通道"通达新加坡等东南亚国家，向东通过长江黄金水道出海，向北"渝满俄"班列直达俄罗斯。重庆、四川、陕西三个自由贸易试验区紧扣制度创新大胆试、大胆闯、自主改，广西、云南以沿边金融综合改革试验区为平台推动跨境人民币结算，宁夏、贵州推进内陆开放型经济试验区建设，共同为内陆开放添动力。

广袤的西部，过去是"向东一条路"，现在则"四面逢财源"。2020年西部地区进出口总额2.95万亿元，是1999年的26倍；西部地区中欧班列开行7000多列，约占全国总数的59%；西部陆海新通道加快建设，推动形成陆海内外联动、东西双向互济的开放格局；中老铁路等跨境重大项目建设稳步推进；中外合作产业园区、跨境经济合作区等开放平台持续发力。中国西部地区正从一度较为封闭的"末梢"，走向越来越开放的"前沿"。

最后，以推动高质量发展引领西部大开发的质量变革、效率变革、动力变革。创新是引领发展的第一动力，是建设现代化经济体系的战略支撑。大创新大发展，小创新小发展，不创新难发展。要在推进西部大开发形成新格局中展现新作为、实现新突破，就必须把创新摆在发展全局的核心位置，坚定不移推动高质量发展。西部大开发20年尤其是党的十八大以来，西部地区经济社会发展取得了新的历史性成就，各项主要指标增速多年领先"四大板块"。

从赶超加速度转向发展高质量，西部各地打好组合拳，积极推动经济发展质量变革、效率变革、动力变革。比如，"百年老店"云南白药布下新局，"智造"一管牙膏；"千年古都"西安则布下千亿级新能源汽车产业大棋局；宁夏大力实施产业重大科技攻关、科技型企业培育、科技金融创新等"五大科技行动"，中卫市的西部云基地已建成六个超大型数据中心；四川宣布将打造具有国际影响力的中国"存储谷"，成都从设立百亿级新经济发展基金，到成立新经济发展委员会，加速构建创新生态圈，加快推进经济提质增效升级；累计近6000家各类数字经济企业在重庆两江数字经济产业园注册；贵州则坚定不移推进大数据战略行动向纵深发展，投入运营及在建的重点数据中心已达23个。广袤的西部，正在新时代推进西部大开发形成新格局中，展现新的作为。西部大地，一场以科技创新孕育新动能的大文章，正在精彩起笔。

促进区域协调发展，形成西部大开发新格局，西部正加快迈向高质量发展。而推动成渝地区双城经济圈建设，有利于在西部形成高质量发展的重要增长极，打造内陆开放战略高地，对于推动高质量发展具有重要意义。

2020年1月，中央财经委员会第六次会议将推动成渝地区双城经济圈建设作为重要议题。会议指出，要尊重客观规律，发挥比较优势，推进成渝地区统筹发展，促进产业、人口及各类生产要素合理流动和高效集聚，强化重庆和成都的中心城市带动作用，使成渝地区成为具有全国影响力的重要经济中心、科技创新中心、改革开放新高地、高品质生活宜居地，助推高质量发展。

10月，中共中央政治局召开会议，审议《成渝地区双城经济圈建设规划纲要》。会议要求，成渝地区牢固树立"一盘棋"思想和一体化发展理念，健全合作机制，打造区域协作的高水平样板。唱好"双城记",联手打造内陆改革开放高地,共同建设高标准市场体系,营造一流营商环境,以共建"一带一路"为引领,建设好西部陆海新通道,积极参与国内国际经济双循环。

2021年4月,全国东西部协作和中央单位定点帮扶工作推进会在宁夏召开。会前,习近平总书记作了重要指示。他指出:"要适应形势任务变化,聚焦巩固拓展脱贫攻坚成果、全面推进乡村振兴,深化东西部协作和定点帮扶工作。"① 这是党中央着眼推动区域协调发展、促进共同富裕作出的重大决策。

党的十八大以来,推进西部大开发的一系列强化举措效果显著。当前,西部地区生态环境、营商环境、开放环境、创新环境明显改善,并与全国一道全面建成小康社会。据统计,西部地区12个省(区、市)的经济总量由2012年的11.4万亿元增长到2019年的20.5万亿元,年均增速达到8.4%,快于全国平均水平,经济总量和人均收入占全国水平的比重也稳步提升。一个更加美丽、更加开放、更具活力的中国西部,正在新起点上乘势开创高质量发展新格局、书写区域协调发展新篇章。

2021年,新修订的《西部地区鼓励类产业目录》正式实施,对西部地区的优惠政策覆盖面进一步扩大。下一步要落实好各项优惠政策,支持西部地区打造更优营商环境,培育壮大市场主体,更有效引资引智引技。要发挥西部地区风、光、水电和矿产资源优势,培育发展特色产业和新兴产业,建设大型清洁能源基地,积极稳妥推进雅鲁

---

① 王磊等:《再闯新路看西部 接续奋斗开新局——习近平总书记谋划推动西部大开发谱写新篇章》,《四川日报》2021年10月25日。

藏布江下游水电开发等重大工程。实施好"东数西算"工程,把东部算力需求转变为西部增长力量。

按照《关于新时代推进西部大开发形成新格局的指导意见》提出的目标要求,到 2035 年,西部地区将基本实现社会主义现代化,基本公共服务、基础设施通达程度、人民生活水平与东部地区大体相当,努力实现不同类型地区互补发展、东西双向开放协同并进、民族边疆地区繁荣安全稳固、人与自然和谐共生。

推动东北全面振兴取得新突破

东北地区是新中国工业的摇篮和我国重要的工业和农业基地,建有一批关系国民经济命脉和国家安全的战略性产业,维护国家国防安全、粮食安全、生态安全、能源安全、产业安全的战略地位十分重要,在国家发展全局中举足轻重,在全国现代化建设中至关重要。加快东北老工业基地全面振兴,是推进经济结构战略性调整、提高我国产业国际竞争力的战略举措,是促进区域协调发展、打造新经济支撑带的重大任务,是优化调整国有资产布局、更好发挥国有经济主导作用的客观要求,是完善我国对外开放战略布局的重要部署,是维护国家粮食安全、打造北方生态安全屏障的有力保障。

我国东北地区包括辽宁、吉林、黑龙江三省以及内蒙古自治区的东部五市盟[①],拥有 100 多万平方公里土地、一亿多人口,区位条件

[①] 包括呼伦贝尔市、兴安盟、通辽市、赤峰市、锡林郭勒盟。

优越，沿边沿海优势明显[1]，资源、产业、科教、人才、基础设施等支撑能力较强，是全国经济的重要增长极，发展空间和潜力巨大。党中央、国务院对东北地区发展历来高度重视，2003年作出实施东北地区等老工业基地振兴战略的重大决策，印发《关于实施东北地区等老工业基地振兴战略的若干意见》，采取一系列支持、帮助、推动振兴发展的专门措施。

在一系列政策措施综合作用下，振兴东北战略取得重要阶段性成果。东北三省经济发展明显加快，改革开放以来被拉开的发展差距逐年缩小，居民收入稳步提高。国有大型工业企业股份制改造取得重要进展，非公有制经济也取得快速发展。一批外资银行纷纷进驻，金融环境得到改善。通过实施工业结构调整重大项目，一批重点企业技术水平有了显著提高，自主创新和先进制造能力不断增强。辽宁沿海经济带、吉林长吉图经济区、黑龙江哈大齐工业走廊等一批产业积聚地加紧规划和建设。辽宁阜新资源型城市经济转型试点工作取得阶段性成果。2005年以后，国务院批准资源型城市转型试点范围扩大到大庆、伊春、辽源、白山和盘锦等市。包括铁路、高速公路、码头、输引水工程、水电、核电工程等一批关系到地区长远发展的重大基础设施项目建设稳步推进。

进入新时代，随着我国经济发展进入新常态，在世界经济增速

---

[1] 从开放大局看，东北地处边疆，正在成为新的开放前沿。从东北亚大范围看，东北三省和内蒙古的东部五市盟位于东北亚的核心地带，临俄罗斯、朝鲜、蒙古国、日本、韩国，加上隔洋相望的美国，在地理区位上与六个国家关联。2016年我国与这六个国家的贸易总额占我国对外贸易总额的将近三分之一。

放缓、我国经济下行压力加大的大背景下，东北地区经济下行压力增大①，部分行业和企业生产经营困难，体制机制的深层次问题进一步显现②，经济增长新动力不足和旧动力减弱的结构性矛盾突出，发展面临新的困难和挑战。这主要表现在四个方面：一是市场化程度不高，国有企业活力仍然不足，民营经济发展不充分。二是科技与经济发展融合不够，偏资源型、传统型、重化工型的产业结构和产品结构不适应市场变化，新兴产业发展偏慢。三是资源枯竭、产业衰退、结构单一地区（城市）转型面临较多困难，社会保障和民生压力较大。四是思想观念不够解放，基层地方党委和政府对经济发展新常态的适应引领能力有待进一步加强。这些困难和问题，归根结底是体制机制问题，是产业结构、经济结构问题，解决这些困难和问题归根结底还要靠深化改革。

党的十八大以来，以习近平同志为核心的党中央高度重视东北老工业基地振兴发展。习近平总书记一直关注着东北老工业基地振兴发展，多次到东北考察，多次对东北地区发展作出分析研判，从内因着眼、着手、着力，找准症结有的放矢、对症下药，就推动东北振兴提出一系列重要要求。

2013年8月，习近平总书记在辽宁考察时指出，全面振兴东北

---

① 据统计，自2014年以来，东北三省的经济增速一直排徊在全国后几位，平均为3%左右，其中辽宁2016年罕见地出现负增长，民间投资增速更是持续回落。
② 一个时期以来，东北地区的改革遇到诸多难点，尤其是在经济体制方面，市场化程度不高，政府对经济发展的干预较多，有些方面的改革尚未破题。

地区等老工业基地是国家既定战略，要总结经验、完善政策，深入实施创新驱动发展战略，增强工业核心竞争力，形成战略性新兴产业和传统制造业并驾齐驱、现代服务业和传统服务业相互促进、信息化和工业化深度融合的产业发展新格局，为全面振兴老工业基地增添原动力。这次考察后，习近平总书记要求提出一个推动东北地区振兴的指导性规划或政策性意见。

2014年8月，根据习近平总书记的指示，国务院出台《关于近期支持东北振兴若干重大政策举措的意见》，从激发市场活力、提升产业竞争力、推动城市转型等11个方面提出35条具体举措。

2015年7月17日，在吉林长春召开的部分省区党委主要负责同志座谈会上，习近平总书记深入分析东北地区发展面临的形势，对新一轮东北振兴作出全面部署。他强调，无论从东北地区来看，还是从全国发展来看，实现东北老工业基地振兴都具有重要意义。振兴东北老工业基地已到了滚石上山、爬坡过坎的关键阶段，国家要加大支持力度，东北地区要增强内生发展活力和动力，精准发力，扎实工作，加快老工业基地振兴发展。

座谈会上，习近平总书记就推动东北老工业基地振兴提出了"四个着力"，即着力完善体制机制、着力推进结构调整、着力鼓励创新创业、着力保障和改善民生的要求。他强调，坚决破除体制机制障碍，形成一个同市场完全对接、充满内在活力的体制机制，是推动东北老工业基地振兴的治本之策；东北地区工业结构比较单一，传统产品占大头、"原"字号、"初"字号产品居多，这种状况改变得越快越主动；抓创新就是抓发展，谋创新就是谋未来，要激发调动全社会的创新激情，持续发力，加快形成以创新为主要引领和支撑的经济体系和发展模式；抓民生也是抓发展，要在保障基本公共服务有效供给基础上，积极引导群众对居家服务、养老服务、健康服务、文体服务、休闲服务等方面的社会需求，支持相关服务行业加快发展，培育形成新的经济增长点，使民生改善和经济发展有效对接、相得益彰。

2015年12月30日，中共中央政治局召开会议，审议并通过《关于全面振兴东北地区等老工业基地的若干意见》。会议强调，抓好新一轮东北老工业基地振兴，重点要在四个方面着力。一是着力完善体制机制，要坚决破除体制机制障碍，形成一个同市场完全对接、充满内在活力的体制机制。二是着力推进结构调整，下大气力改变传统产品占大头、"原"字号"初"字号产品居多的单一产品结构。三是着力鼓励创新创业，把创新作为东北内生发展动力的主要生成点，激发调动全社会创新创业激情。四是着力保障和改善民生，使发展成果更多更公平惠及全体人民，让人民群众有更多获得感。

2016年2月6日，中共中央、国务院印发《关于全面振兴东北地区等老工业基地的若干意见》。意见指出，推进东北老工业基地全面振兴，要以提高经济发展质量和效益为中心，保持战略定力，增强发展自信，坚持变中求新、变中求进、变中突破，着力完善体制机制，着力推进结构调整，着力鼓励创新创业，着力保障和改善民生，加大供给侧结构性改革力度，解决突出矛盾和问题，不断提升东北老工业基地的发展活力、内生动力和整体竞争力，努力走出一条质量更高、效益更好、结构更优、优势充分释放的发展新路。

10月18日，国务院召开振兴东北地区等老工业基地推进会议。

11月1日，国务院印发《关于深入推进实施新一轮东北振兴战略加快推动东北地区经济企稳向好若干重要举措的意见》，从全面深化改革、激发内在活力，推进创新转型、培育发展动力，扩大开放合作、转变观念理念，加强组织协调等四个方面提出了一批重要政策举措。

这些文件的密集出台，相当于打了一套政策"组合拳"，表明了党中央支持东北地区振兴发展的决心和态度。

两年多过去了，党中央决策部署落实得怎么样？形势又有什么新变化？具体工作中还存在什么困难？2018年9月，习近平总书记带着这些问题再次专程来到东北：25日飞抵黑龙江，先后考察了农垦建三江管理局和齐齐哈尔；26日一天时间乘火车跨越黑吉辽三省，先后到达吉林松原和辽宁沈阳；27日至28日在辽宁辽阳、抚顺考察，并在沈阳主持召开深入推进东北振兴座谈会。这次考察，习近平总书记用了四天时间，行程两千公里，把脉问诊东北地区，并给东北干部群众打气："东北振兴到了滚石上山、爬坡过坎的关键节点，必须解决好精神状态问题。越是困难，越需要'真把式'，要真抓实干。"①

座谈会上，辽宁、吉林、黑龙江、内蒙古三省一区党委主要负责同志先后发言，结合各自工作实际，就东北振兴谈认识、讲体会、摆问题、提思路。听取大家发言后，针对东北在体制机制、经济结构、对外开放、思想观念方面存在的短板，习近平总书记着眼国家发展大局，立足实现东北全面振兴、全方位振兴，明确提出了六个方面的要求。

---

① 陆娅楠等：《形成优势互补、高质量发展的区域经济布局——以习近平同志为核心的党中央推进区域协调发展述评》，《人民日报》2021年11月5日。

一是以优化营商环境为基础，全面深化改革。要坚定改革信心，在谋划地区改革发展思路上下功夫，在解决突出矛盾问题上下功夫，在激发基层改革创新活力上下功夫。要重点从有利于深化供给侧结构性改革、有利于加快培育经济增长新动能、有利于激发各类市场主体活力、有利于增强人民群众获得感、有利于调动保护广大干部群众积极性等方面完善改革思路，做实改革举措，释放改革活力，提高改革效能。要多方面采取措施，创造拴心留人的条件，让各类人才安心、安身、安业。

二是以培育壮大新动能为重点，激发创新驱动内生动力。要依靠创新把实体经济做实、做强、做优，坚持凤凰涅槃、腾笼换鸟，积极扶持新兴产业加快发展，尽快形成多点支撑、多业并举、多元发展的产业发展格局。

三是科学统筹精准施策，构建协调发展新格局。要培育发展现代化都市圈，加强重点区域和重点领域合作，形成东北地区协同开放合力。要以东北地区与东部地区对口合作为依托，深入推进东北振兴与京津冀协同发展、长江经济带发展、粤港澳大湾区建设等国家重大战略的对接和交流合作，使南北互动起来。

四是更好支持生态建设和粮食生产，巩固提升绿色发展优势。要贯彻绿水青山就是金山银山、冰天雪地也是金山银山的理念，落实和深化国有自然资源资产管理、生态环境监管、国家公园、生态补偿等生态文明改革举措，加快统筹山水林田湖草治理，使东北地区天更蓝、山更绿、水更清。要充分利用东北地区的独特资源和优势，推进寒地冰雪经济加快发展。

五是深度融入共建"一带一路",建设开放合作高地。要加快落实辽宁自由贸易试验区重点任务,完善重点边境口岸基础设施,发展优势产业群,实现多边合作、多方共赢。

六是更加关注补齐民生领域短板,让人民群众共享东北振兴成果。要确保养老金按时足额发放,确保按时完成脱贫任务,完善社会救助体系,保障好城乡生活困难人员基本生活。要加大东北地区公共基础设施领域的投资力度,支持东北地区轨道交通、集中供热、网络宽带等城市基础设施建设。

这六个方面的要求,同时也是重大工作部署,为推进新时代东北全面振兴、形成对国家重大战略的坚强支撑指明了前进方向、提供了根本遵循。在习近平总书记关于东北振兴重要论述的指引下,东北地区优化营商环境,全面深化改革,激发创新驱动内生动力,以新气象新担当新作为全力推进东北振兴。

营商环境是新一轮东北振兴必须补齐的一大短板。曾几何时,营商环境成为东北振兴路上的"拦路虎""绊脚石","投资不过山海关"的说法,让许多企业家望东北而却步。东北三省拿出自我革命精神,以超常规措施优化营商环境。2017年2月1日,《辽宁省优化营商环境条例》正式施行,对建设平等便利的市场经济环境、高效便捷的政务服务环境、更具活力的创新创业环境等都有明确规定,对14类政府及其工作人员侵犯企业合法权益行为划定了红线。黑龙江以机构改革为契机,将省政府办公厅的企业和创业投诉管理、发展环境整治、网上政务平台建设、网上审批监督管理、流程再造等职能整合,组建省营商环境建设监督局。吉林则整合电子政务、大数据建设、营商环境优化等职责，组建了省政务服务和数字化建设管理局，并加挂省软环境建设办公室牌子。

能否切实深化国有企业改革，直接关系到东北能否重新激发、释放老工业基地活力。国有企业比重大、基础好，是东北地区宝贵的"家底"。然而，东北在计划经济里"睡"得太久，体制机制不活、市场意识薄弱的短板突出，国有企业一度步子沉、转身慢。东北各地瞄准短板、聚焦痛点，真改深改，拔硬钉子、蹚深水区，国企改革跑出加速度，关键领域改革不断取得实质性成果。比如，沈阳大力推进东北制药混改，民营企业方大集团成为新的控股股东，企业近乎重生。黑龙江全省重组省属国企，成立七大产业投资集团，以更加灵活的体制机制推动国有资本和产业联动调整。由于大量国企背负着"三供一业"①的包袱，影响其聚焦主业、灵活发展，吉林省启动厂办大集体改革，涉及54万人、850多个"三供一业"项目。

依靠创新才能把实体经济做实做强做优。东北长久以来产业结构偏重化工型、资源型、传统型，"原"字号、"初"字号产品多。习近平总书记指出："东北等老工业基地振兴发展，不能再唱'工业一柱擎天，结构单一'的'二人转'，要做好加减乘除。"② 东北地区把增强创新能力作为推进振兴的根本途径，加快结构调整，培育振兴发展新动能，发展壮大实体经济。在沈阳，新松机器人公司独立研发的洁净机器人打破国外垄断，广受国内企业欢迎。2018年，沈阳新增机

---

① 指供水、供电、供热和物业管理。
② 何勇等：《以优化营商环境为基础 以深化改革为动力 东北全面振兴正夯基》，《人民日报》2019年11月20日。

器人企业12家，实现收入90亿元，同比增长28.6%。同年，辽宁新增高新技术企业1100家，总量达到3700家；吉林高新技术企业、科技型"小巨人"企业数量分别增长近70%和161%；黑龙江高技术制造业增加值增长11.2%。当前，数控机床、机器人产业、卫星应用产业、生物医药、精细化工等战略性新兴产业已形成一定优势，有效改善东北地区"一柱擎天"的经济结构，逐步成为东北振兴的新支撑。

培育形成东北地区城市群。沈阳、大连、长春、哈尔滨等是东北地区的主要城市。《关于全面振兴东北地区等老工业基地的若干意见》提出，以哈（尔滨）长（春）沈（阳）大（连）为主轴，做好空间规划顶层设计，培育形成东北地区城市群，促进大中小城市和小城镇协调发展；支持沈阳、大连、长春、哈尔滨等地打造国内领先的新兴产业集群。同时，对相关城市在城市建设、创新发展等方面给予支持。比如，支持沈阳市开展全面创新改革试验，加快完善创新政策和人才政策，打破制约科技与经济结合的体制机制障碍；在沈阳—大连等创新资源集聚地区布局国家自主创新示范区；高水平推进中德（沈阳）高端装备制造产业园建设；积极推进建设大连金普新区、哈尔滨新区、长春新区，努力打造转变政府职能和创新管理体制的先行区；等等。

贯彻落实中央决策部署，需要这四个城市肩负起更加重大的职能和责任，进一步加大行政管理体制改革力度，优化发展环境，增强对人才、科技、资金等优质资源的吸纳能力；完善现代化功能性基础设施，提升城市治理水平，最大程度发挥这些城市在航运、物流、贸易、金融、信息、文化、旅游等方面的功能，进一步增强它们在东北亚地区的竞争力和辐射能力。①

2019年8月26日,在中央财经委员会第五次会议上,习近平总书记就推动形成优势互补高质量发展的区域经济布局发表重要讲话。这是一篇关于区域协调发展的总论性的讲话,但讲话的最后一部分专门讲"关于推动东北全方位振兴"。

习近平总书记指出,东北地区建设现代化经济体系具备很好的基础条件,全面振兴不是把已经衰败的产业和企业硬扶持起来,而是要有效整合资源,主动调整经济结构,形成新的均衡发展的产业结构。要加强传统制造业技术改造,善于扬长补短,发展新技术、新业态、新模式,培育健康养老、旅游休闲、文化娱乐等新增长点。要促进资源枯竭地区转型发展,加快培育接续替代产业,延长产业链条。要加大创新投入,为产业多元化发展提供新动力。

习近平总书记强调,东北地区国有经济比重较高,要以改革为突破口,加快国有企业改革,让老企业焕发新活力。要打造对外开放新前沿,多吸引跨国企业到东北投资。开放方面国家可以给一些政策,但更重要的还是靠东北地区自己转变观念、大胆去闯。要加快转变政府职能,大幅减少政府对资源的直接配置,强化事中事后监管,给市场发育创造条件。要支持和爱护本地和外来企业成长,弘扬优秀企业家精神。东北振兴的关键是人才,要研究更具吸引力的措施,使沈阳、大连、长春、哈尔滨等重要城市成为投资兴业的热土。要加强对领导干部的正向激励,树立鲜明用人导向,让敢担当、善作为的干部有舞

---

① 夏德仁:《推进新时代东北全面振兴》,《人民日报》2021年10月8日。

台、受褒奖。

当前，东北地区在重要领域和关键环节改革上取得重大成果，转变经济发展方式和结构性改革取得重大进展，经济保持中高速增长，产业迈向中高端水平，新型工业化、信息化、城镇化、农业现代化协调发展新格局基本形成，人民生活水平和质量普遍提高，资源枯竭、产业衰退地区转型发展取得显著成效，与全国同步实现全面建成小康社会目标。

东北振兴正处于爬坡过坎的关键阶段。下一步，要组织实施好东北全面振兴"十四五"实施方案，积极推动大小兴安岭林区生态保护与经济转型，稳步推进长吉图开发开放先导区发展，推动《东北振兴重点项目三年滚动实施方案》重点项目加快建设。充分发挥沿海沿边等区位优势，推动辽宁沿海经济带高质量发展，扩大沿边经贸合作，在国际经贸合作中增强竞争力。

按照《关于全面振兴东北地区等老工业基地的若干意见》的目标要求，到2030年左右，东北地区将实现全面振兴，走进全国现代化建设前列，成为全国重要的经济支撑带，具有国际竞争力的先进装备制造业基地和重大技术装备战略基地，国家新型原材料基地、现代农业生产基地和重要技术创新与研发基地。我们要充分认识推进新时代东北全面振兴的重要性和紧迫性，瞄准方向、保持定力、扬长避短、发挥优势，一以贯之、久久为功，重塑环境、重振雄风，坚定不移把这项宏伟事业推向新阶段，形成对国家重大战略的坚强支撑。

推动中部地区高质量发展

推动中部地区高质量发展，是党中央统筹国内国际两个大局，立足当前、着眼未来、审时度势作出的重要决策部署，具有全局性意义，有利于促进全国经济平稳健康可持续发展，有利于全面建成小康社会后乘势而上开启全面建设社会主义现代化国家新征程。

在新时代区域协调发展的版图上，中部地区具有承东启西、连南接北的区位优势，包括山西、安徽、江西、河南、湖北、湖南六省百万平方公里的国土面积，资源丰富，交通发达，产业基础较好，文化底蕴深厚，战略意义举足轻重，发展潜力很大。"湖广熟，天下足""中部畅，全国通"，说明中部地区在粮食安全、交通枢纽等方面的重要战略价值。在协调区域经济、承接产业梯度转移进程中，中部地区发挥着重要的桥梁纽带作用。为解决制约中部地区发展的问题，2004年党中央及时作出推动中部地区崛起的重要决策，并于2006年印发《关于促进中部地区崛起的若干意见》，有力推动了中部地区经济社会发展取得长足进步。

进入新时代，推动中部地区崛起再上新台阶，既拥有良好基础和比较优势，也面临着一系列挑战，特别是存在经济结构不优、供给质量不高、部分行业产能过剩、资源环境约束越来越紧等问题。不发展、发展慢，难以实现崛起；走拼资源、拼环境、产业结构畸轻畸重的粗放型之路，难以实现可持续发展。谋定而后动，厚积而薄发。开创中部地区崛起新局面，关键在于贯彻好新发展理念，推进改革开放走深走实。

2016年12月7日，国务院召开常务会议，审议通过促进中部地区崛起规划，推动区域协调发展培育新的增长极。会议确定了以下重点任务：一是顺应经济梯度转移趋势，对接国家区域发展战略，积极探索产业转移新模式，引导和支持东南沿海地区符合环保等要求的产业、国内外知名企业生产基地等向中部地区有序转移。支持中部地区发挥自身优势，加快发展先进制造业，形成对全国经济的重要支撑。二是全面推进对内对外开放，支持建设综合保税区等，加快复制推广自由贸易试验区改革创新成果。完善"一站式"通关服务体系，提高对外开放水平。三是统筹城乡发展，推进多种形式的适度规模经营，以科技、一二三产业融合带动现代农业发展，促进农民工返乡就业创业。提升新型城镇化水平，加快城市群建设，提高吸纳农业转移人口落户、县域经济承接城市功能和辐射带动乡村发展能力。四是严格保护重点生态功能区，实施天然林草资源、湿地等重点生态环境保护和修复工程。五是全力脱贫攻坚，扶持革命老区振兴和资源枯竭城市转型。

促进中部地区崛起战略实施以来，特别是党的十八大后，在以习近平同志为核心的党中央坚强领导下，中部地区经济社会发展取得重大成就，粮食生产基地、能源原材料基地、现代装备制造及高技术产业基地和综合交通运输枢纽地位更加巩固，经济总量占全国的比重进一步提高，科教实力显著增强，基础设施明显改善，社会事业全面发展，在国家经济社会发展中发挥了重要支撑作用。同时，中部地区发展不平衡不充分问题依然突出，内陆开放水平有待提高，制造业创新能力有待增强，生态绿色发展格局有待巩固，公共服务保障特别是应对公共卫生等重大突发事件能力有待提升。

2019年5月21日，在实地考察调研的基础上，习近平总书记在江西南昌主持召开推动中部地区崛起工作座谈会。座谈会上，习近平总书记从江西讲到中部，从中部讲到全国，从全国讲到世界，就推动中部地区崛起作出重要部署。谈到优势时，习近平总书记指出，人口规模和市场潜力，是中部地区的最大优势。讲到挑战时，他强调新一轮科技和产业革命、全球制造业竞争格局调整、我国新一轮对外开放，是中部地区崛起面临的三大挑战。确定发展方向时，他要求紧扣高质量发展要求，乘势而上，扎实工作，推动中部地区崛起再上新台阶。习近平总书记说："人民日益增长的美好生活需要和不平衡不充分的发展之间的矛盾成为我国社会主要矛盾。不平衡，就要努力去解决，止于至善。""中部地区这个'脊梁'要更硬一点，'补补钙'，发挥更大的支撑作用。"①

座谈会上，习近平总书记就做好中部地区崛起工作提出八点具体指导意见。一是推动制造业高质量发展，主动融入新一轮科技和产业革命，加快数字化、网络化、智能化技术在各领域的应用，推动制造业发展质量变革、效率变革、动力变革。二是提高关键领域自主创新能力，创新支持政策，推动科技成果转化和产业化，加快研发具有自主知识产权的核心技术，更多鼓励原创技术创新，加强知识产权保护。三是优化营商环境，对标国际一流水平，营造稳定

---

① 禹伟良、马跃峰：《"中部地区这个'脊梁'要更硬一点"》，《人民日报》2021年10月27日。

公平透明的营商环境，缓解民营企业和中小微企业融资难题。四是积极承接新兴产业布局和转移，加强同东部沿海和国际上相关地区的对接，吸引承接一批先进制造业企业。五是扩大高水平开放，把握机遇积极参与"一带一路"国际合作，推动优质产能和装备走向世界大舞台、国际大市场，把品牌和技术打出去。六是坚持绿色发展，开展生态保护和修复，强化环境建设和治理，推动资源节约集约利用，建设绿色发展的美丽中部。七是做好民生领域重点工作，做好脱贫攻坚工作，创造更多就业岗位，加快补齐民生短板，完善社会保障体系，创新社会治理。八是完善政策措施和工作机制，加大对中部地区崛起的支持力度，研究提出促进中部地区高质量发展的政策举措，加强统筹协调。

习近平总书记强调，要贯彻新发展理念，在供给侧结构性改革上下更大功夫，在实施创新驱动发展战略、发展战略性新兴产业上下更大功夫，积极主动融入国家战略，推动高质量发展，不断增强中部地区综合实力和竞争力，奋力开创中部地区崛起新局面。

这些重大部署，体现了贯彻新发展理念、推动高质量发展的要求，是做好中部地区崛起工作的基本遵循，对于推动中部地区崛起再上新台阶，推动区域协调发展战略更加深入实施，产生了重大深远的影响。

2021年3月30日，中共中央政治局召开会议，审议《关于新时代推动中部地区高质量发展的指导意见》。会议指出，进入新发展阶段，中部地区发展要以推动高质量发展为主题，以深化供给侧结构性改革为主线，以改革创新为根本动力，以满足人民日益增长的美好生活需要为根本目的,加快构建以国内大循环为主体、国内国际双循环相互促进的新发展格局,着力构建以先进制造业为支撑的现代产业体系,着力建设绿色发展的美丽中部,着力推动内陆高水平开放,着力改革完善体制机制,着力增强城乡区域发展协调性,着力提升基本公共服务保障水平,推动中部地区加快崛起,在全面建设社会主义现代化国家新征程中作出更大贡献。会议强调,中部地区作为全国大市场的重要组成部分和空间枢纽,要找准定位,发挥优势,加快建设现代化基础设施体系和现代流通体系,促进长江中游城市群和中原城市群发展,全面推进乡村振兴,积极服务和融入新发展格局。

高质量发展是解决发展不平衡不充分问题的必然要求。中部地区发展的关键词从过去的"崛起"变成了此次的"高质量发展",而会议提出的"六个着力"是新时代推动中部地区高质量发展的重要指引。

推动中部地区高质量发展,有利于促进区域协调发展。中部六省发展水平不同,域内经济联系紧密度、融合度不高,区域发展不平衡不充分问题仍然比较突出。推动中部地区高质量发展,有利于准确把握新发展阶段,进一步提升中部地区整体实力,在促进全国区域协调发展中发挥更大作用,更好应对和化解国内国际各种风险挑战。

推动中部地区高质量发展,有利于发展现代产业体系。中部地区优势产业集聚、产业链条完整,装备制造、生物医药等产业发展位于全国前列。但产业结构长期"偏重",相当一部分产业科技含量不高,高质量产品和服务供给不足;创新投入不够,研发经费支出占地区生产总值比重长期低于全国平均水平。推动中部地区高质量发展,有利于深入贯彻新发展理念，依靠创新驱动实现转型升级，进一步优化产业结构，提高经济质量效益和核心竞争力，加快建设现代化经济体系，打造国家现代化经济增长新动能区域。

推动中部地区高质量发展，有利于培育完整内需体系。中部地区区位条件优越，常住人口超过3.7亿，市场潜力巨大。但经济社会发展水平与东部发达地区相比仍有差距，2020年人均可支配收入27400元，仅为全国平均水平的85%、东部地区的65%左右。发展是解决我国一切问题的基础和关键，推动中部地区高质量发展，有利于进一步发挥中部地区比较优势，着力推进共同富裕，全面促进消费、拓展投资空间，加快培育完整内需体系，形成强大国内市场。

2021年4月23日，中共中央、国务院印发《关于新时代推动中部地区高质量发展的意见》。该意见立足新发展阶段、贯彻新发展理念、构建新发展格局，紧扣推动高质量发展的主题，明确了新时代推动中部地区高质量发展的指导思想、主要目标、实现路径和重点举措，为中部地区更好服务和融入新发展格局、在国家区域协调发展中发挥更大作用提供了遵循。

《关于新时代推动中部地区高质量发展的意见》明确了五个方面的重点任务，通过五大发展理念协同发力，形成推动中部地区高质量发展的强大合力。一是坚持创新发展，做大做强先进制造业[①]，积极

[①] 比如统筹规划引导中部地区产业集群（基地）发展，在长江沿线建设中国（武汉）光谷、中国（合肥）声谷，在京广沿线建设郑州电子信息、长株潭装备制造产业集群，在京九沿线建设南昌、吉安电子信息产业集群，在大湛沿线建设太原新材料、洛阳装备制造产业集群等。

承接制造业转移①，提高关键领域自主创新能力②，推动先进制造业和现代服务业深度融合③，加快构建以先进制造业为支撑的现代产业体系。二是坚持协调发展，主动融入区域重大战略④，促进城乡融合发展⑤，推进城市品质提升，加快农业农村现代化，推动省际协作和交界地区协同发展⑥，不断增强城乡区域发展协同性。三是坚持绿色

---

① 比如推进皖江城市带、晋陕豫黄河金三角、湖北荆州、赣南、湘南湘西承接产业转移示范区和皖北承接产业转移集聚区建设，积极承接新兴产业转移，重点承接产业链关键环节等。

② 比如加快合肥综合性国家科学中心建设，加快武汉信息光电子、株洲先进轨道交通装备、洛阳农机装备等国家制造业创新中心建设，新培育一批产业创新中心和制造业创新中心等。

③ 比如加快郑州、长沙、太原、宜昌、赣州国家物流枢纽建设，支持建设一批生产服务型物流枢纽等。

④ 比如支持安徽积极融入长三角一体化发展，打造具有重要影响力的科技创新策源地、新兴产业聚集地和绿色发展样板区；支持河南、山西深度参加黄河流域生态保护和高质量发展战略实施，共同抓好大保护，协同推进大治理；支持湖北、湖南、江西加强生态保护、推动绿色发展，在长江经济带建设中发挥更大作用。

⑤ 比如支持武汉、长株潭、郑州、合肥等都市圈及山西中部城市群建设，培育发展南昌都市圈。加快武汉、郑州国家中心城市建设，增强长沙、合肥、南昌、太原等区域中心城市辐射带动能力，促进洛阳、襄阳、阜阳、赣州、衡阳、大同等区域重点城市经济发展和人口集聚。

⑥ 比如加快落实支持赣南等原中央苏区、大别山等革命老区振兴发展的政策措施，务实推进晋陕豫黄河金三角区域合作，深化大别山、武陵山等区域旅游与经济协作，建立淮河、汉江流域园区合作联盟，推动长株潭跨湘江、南昌跨赣江、太原跨汾河、荆州和芜湖等跨长江发展等。

发展，共同构筑生态安全屏障①，加强生态环境共保联治，加快形成绿色生产生活方式，合力打造人与自然和谐共生的美丽中部。四是坚持开放发展，加快内陆开放通道建设②，打造内陆高水平开放平台③，持续优化市场化法治化国际化营商环境，形成内陆高水平开放新体制。五是坚持共享发展，提高基本公共服务保障能力，增加高品质公共服务供给④，加强和创新社会治理，实现巩固拓展脱贫攻坚成果同乡村振兴有效衔接⑤，着力提升公共服务保障水平。

促进中部地区崛起战略实施以来，特别是党的十八大以来，在以习近平同志为核心的党中央坚强领导下，中部地区经济社会发展取得

---

① 比如以河道生态整治和河道外两岸造林绿化为重点，建设淮河、汉江、湘江、赣江、汾河等河流生态廊道。

② 比如发挥长江黄金水道和京广、京九、浩吉、沪昆、陇海—兰新交通干线作用，加强与长三角、粤港澳大湾区、海峡西岸等沿海地区及内蒙古、广西、云南、新疆等边境口岸合作，对接新亚欧大陆桥、中国—中南半岛经济走廊、中国—中亚—西亚经济走廊、中蒙俄经济走廊及西部陆海新通道，全面融入共建"一带一路"，等等。

③ 比如高标准建设安徽、河南、湖北、湖南自由贸易试验区，支持湖南湘江新区、江西赣江新区建成对外开放重要平台，充分发挥郑州航空港经济综合实验区、长沙临空经济示范区在对外开放中的重要作用，鼓励武汉、南昌、合肥、太原等地建设临空经济区，加快郑州—卢森堡"空中丝绸之路"建设，推动江西内陆开放型经济试验区建设等。

④ 比如深入挖掘和利用地方特色文化资源，打响中原文化、楚文化、三晋文化品牌，传承和弘扬赣南等原中央苏区、井冈山、大别山等革命老区红色文化，打造爱国主义教育基地和红色旅游目的地等。

⑤ 比如聚焦赣南等原中央苏区、大别山区、太行山区、吕梁山区、罗霄山区、武陵山区等地区，健全防止返贫监测和帮扶机制等。

重大成就，经济总量占全国比重不断提高，科教实力显著增强，基础设施明显改善，社会事业全面发展，在国家经济社会发展中发挥了重要的支撑作用。中部六省各展所长，均取得显著成就。

山西历经转型阵痛，顺应新时代新要求，不断深化能源革命综合改革试点，深入实施煤炭绿色开发利用行动和可再生能源倍增行动，推动煤电基地向清洁电力外送基地转型，加快构建清洁低碳、安全高效的现代能源体系，真正让绿色成为山西全方位推进高质量发展的鲜明底色。

安徽充分发挥创新活跃强劲、制造特色鲜明、内陆腹地广阔、生态资源良好等比较优势，锁定"保持中部领先、位居全国前列"目标，努力实现"五个更大"，即经济实力更大跃升，科技创新能力更大增强，改革开放更大突破，生态文明建设更大进步，民生福祉更大增进。

江西支持赣南等原中央苏区振兴发展，推进鄱阳湖国家自主创新示范区、景德镇国家陶瓷文化传承创新试验区、赣江新区等平台建设，加上其丰富的红色、绿色等资源，正在加速汇聚高质量发展的"金色动能"。

河南实施创新驱动科教兴省人才强省战略、优势再造战略、数字化转型战略、换道领跑战略、文旅文创融合战略、以人为核心的新型城镇化战略、乡村振兴战略、绿色低碳转型战略、制度型开放战略、全面深化改革战略，努力育先机、开新局。不临边、不沿海的郑州在新时代改革开放大潮中乘势而起，一跃成为"一带一路"重要节点城市。

湖北则举全省之力争创武汉具有全国影响力的科技创新中心和湖北东湖综合性国家科学中心，加快建设以东湖科学城为核心区域的光谷科创大走廊，组建七家湖北实验室，整合优势力量争创国家实验室，加快搭建科技强省"四梁八柱"。历史上因武钢、武船、武重等重工业而闻名的武汉，如今已成为信息技术、生物医药、智能制造等高端产业基地。

湖南非常重视推动省际协作和交界地区协同发展，加强合作交流，实现共同发展。长株潭是湖南的核心增长极，湖南始终高度重视推进长株潭一体化，研究制定《长株潭区域一体化发展规划纲要》和《长株潭一体化发展五年行动计划（2021—2025年）》，紧扣"一体化"和"高质量"两个关键词，全面推进规划同图、设施同网、三市同城、市场同治等"十同"行动，大力实施三十大标志工程，努力在新的历史起点上推动长株潭一体化取得新的重大突破。

当前，中部地区崛起势头正劲，中部地区发展大有可为。紧扣高质量发展要求，综合运用区位、资源、产业、人才等多方面优势，不断实现同东部、东北和西部的差异化发展、互补化发展，中部地区必能乘势而上，打造出更多响当当的发展样板。

按照《关于新时代推动中部地区高质量发展的意见》提出的目标要求，到2025年，中部地区质量变革、效率变革、动力变革将取得突破性进展，投入产出效益大幅提高，综合实力、内生动力和竞争力进一步增强。到2035年，中部地区现代化经济体系将基本建成，产业整体迈向中高端，城乡区域协调发展达到较高水平，绿色低碳生产生活方式基本形成，开放型经济体制机制更加完善，人民生活更加幸福安康，基本实现社会主义现代化，共同富裕取得更为明显的实质性进展。

鼓励东部地区加快推进现代化

实施西部大开发、振兴东北地区等老工业基地和中部崛起战略，并不是忽视东部地区的发展，而是鼓励东部地区利用自身优势率先发展。东部率先发展是我国针对东部地区北京、天津、河北、上海、江苏、浙江、福建、山东、广东和海南十个省份提出的区域发展战略，旨在促进东部地区率先提高自主创新能力、率先实现高质量发展，在率先发展和改革中带动中西部地区发展。鼓励东部地区率先发展、加快推进现代化是新时代我国区域发展总体战略的重要组成部分。

东部地区是我国经济发展的先行区，一直处于前沿地带和领跑位置，对全国经济发挥着重要的增长引擎和辐射带动作用。改革开放以来，东部地区始终在全国经济社会中肩负率先发展的庄严使命，为增强国家经济综合实力、缩短与发达国家的经济差距并跻身于世界经济大国之列作出了重要贡献。在经历改革开放几十年的快速发展之后，中国经济、社会开始不断遭遇发展中的烦恼，东部地区也出现了经济下行压力趋大，生产成本快速上升，传统竞争优势不断下降，市场对产品技术与质量的要求持续提升，劳动力、土地等要素资源和环境容量的瓶颈制约越来越突出等矛盾。这些矛盾如果不及时有效解决，将严重削弱东部地区在经济总量、劳动就业、财政税收、外贸出口等领域对全国的支撑力。支持东部地区率先加快转型发展、提高发展的质量和效益，进一步发挥东部地区对其他地区的引领和带动作用，已刻不容缓。

着眼中华民族的永续发展，以习近平同志为核心的党中央立足解决发展不平衡不充分的问题，用大战略运筹区域协调发展大棋局。作为经济社会发展先行地，东部地区被委以闯关探路的重任。

2017年10月，党的十九大提出"创新引领率先实现东部地区优化发展"。从经济特区到沿海开放城市，东部地区一直是制度创新的先行者。东部地区涌现出的许多"首个""第一"甚至"唯一"，彰显出这片土地先行先试的首创精神和敢闯敢干的信心底气。为支持东部发展，党的十八大以来国家出台了一系列改革创新举措，如在东部设立自由贸易试验区时间最早数量也最多，支持北京、上海建设科技创新中心，在东部陆续新设一批国家级新区、自主创新示范区、改革示范区，确定在山东开展新旧动能转换综合试验，等等。东部地区利用这些平台，围绕建设现代化经济体系、推进经济高质量发展、壮大新动能，加大探索力度，广泛吸纳先进要素，更高层次参与国际竞争与合作，打造具有国际影响力的创新高地、全球先进制造业基地、新兴产业和现代服务业发展示范地，更好发挥对全国发展的引领和带动作用。

2018年1月，山东新旧动能转换综合试验区获国务院批复，这是全国第一个以新旧动能转换为主题的区域发展战略。山东经济总量大而不强，产业结构不合理，传统产业占比大，结构性矛盾突出，发展质量和效益不高。如何在新一轮转型发展中继续走在全国前列？省委、省政府将加快新旧动能转换作为深化供给侧结构性改革的重要抓手，作为统领全省经济发展的重大工程，发挥济南、青岛、烟台三市综合优势和辐射带动作用，积极创建国家新旧动能转换综合试验区。山东按照推进工程的思路，对事关新旧动能转换全局的重大项目，制定时间表、路线图、责任状、倒排工期、挂图作战，明确目标任务、时间节点，实现高标准、高质量、高效率推进实施。

2018年11月，习近平总书记在上海考察时提出，希望上海继续当好全国改革开放排头兵、创新发展先行者，勇于挑最重的担子、啃最难啃的骨头，发挥开路先锋、示范引领、突破攻坚的作用，为全国改革发展作出更大贡献。

党中央作出兴办经济特区重大战略部署以来，深圳敢闯敢试、敢为人先、埋头苦干，创造了发展史上的奇迹，成为全国改革开放的一面旗帜。广东、深圳经济发展水平较高，面临的资源要素约束更紧，受到来自国际的技术、人才等领域竞争压力更大，落实新发展理念、推动高质量发展是根本出路。

2019年8月，中共中央、国务院印发《关于支持深圳建设中国特色社会主义先行示范区的意见》。以设立经济特区40周年为契机，在中央改革顶层设计和战略部署下，支持深圳实施综合授权改革试点，是新时代推动深圳改革开放再出发的又一重大举措，是建设中国特色社会主义先行示范区的关键一招，也是创新改革方式方法的全新探索。农用地转建设用地审批权下放、创业板注册制改革试点实施、全国首个允许个人破产的城市等以"实施方案＋授权清单"作为改革方式方法的全新探索，表明深圳综合授权改革试点取得了阶段性成效，改革的受益面不断扩大，对全国以及其他地区的示范引领作用初步显现。打通发展梗阻、营造创新氛围，改革释放的动能和活力正在东部这片"改革高地"涌动。

2021年3月，十三届全国人大四次会议通过的"十四五"规划和 2035 年远景目标纲要提出"鼓励东部地区加快推进现代化",东部地区再担新使命。4月,中共中央、国务院印发《关于支持浦东新区高水平改革开放打造社会主义现代化建设引领区的意见》。该意见明确浦东"更高水平改革开放的开路先锋""自主创新发展的时代标杆""全球资源配置的功能高地""扩大国内需求的典范引领""现代城市治理的示范样板"等新的战略定位,推动浦东在更深层次、更宽领域,以更大力度推进全方位高水平开放,成为更高水平改革开放的开路先锋。该意见明确,浦东新区以自主创新发展为根本,建设国际科技创新中心核心区;以改革系统集成为着力点,激活高质量发展新动力;以制度型开放为引领,在全域打造特殊经济功能区;以金融市场为重点,构筑全球资源配置的功能高地;以人民为中心,建成现代城市治理的示范样板;以强大国内市场优势为依托,形成扩大国内需求的典范引领。

党的十八大以来,党中央把握发展阶段新变化,把逐步实现全体人民共同富裕摆在更加重要的位置上。2021年5月,中共中央、国务院印发《关于支持浙江高质量发展建设共同富裕示范区的意见》。该意见明确了浙江高质量发展高品质生活先行区、城乡区域协调发展引领区、收入分配制度改革试验区、文明和谐美丽家园展示区等四个战略定位。共同富裕是社会主义的本质要求,是人民群众的共同期盼。改革开放以来,通过允许一部分人、一部分地区先富起来,先富带后富,极大解放和发展了社会生产力,人民生活水平不断提高。党的十八大以来,以习近平同志为核心的党中央不忘初心、牢记使命,团结带领全党全国各族人民,始终朝着实现共同富裕的目标不懈努力。

对标党的十九大提出的到 21 世纪中叶"全体人民共同富裕基本实现"的奋斗目标，以及党的十九届五中全会提出的 2035 年"全体人民共同富裕取得更为明显的实质性进展"远景目标，充分考虑浙江发展基础和适度超前的示范要求，《关于支持浙江高质量发展建设共同富裕示范区的意见》提出，到 2025 年，浙江省推动高质量发展建设共同富裕示范区取得明显实质性进展；到 2035 年，浙江省高质量发展取得更大成就，基本实现共同富裕。支持浙江高质量发展建设共同富裕示范区，有利于通过实践进一步丰富共同富裕的思想内涵，有利于探索破解新时代社会主要矛盾的有效途径，有利于为全国推动共同富裕提供省域范例，有利于打造新时代全面展示中国特色社会主义制度优越性的重要窗口。如今的浙江，以缩小地区差距、城乡差距和收入差距为主攻方向，特别是以收入分配制度改革为核心的一系列社会改革正在积极推进，围绕推动公共服务优质共享、创新引领先富带后富政策体系、打造共同富裕现代化基本单元方面开展先行先试。

东部地区率先实现优化发展，摆脱传统路径依赖，必须加快在创新引领上实现突破，充分利用和拓展创新要素集聚的特殊优势，打造具有国际影响力的创新高地。《人民日报》报道，"十三五"时期，河北完成钢铁、玻璃、水泥、焦炭等产业去产能工作任务，钢铁工艺装备水平已步入国际领先行列；江苏阳光集团投资超两亿元，打造个性化定制服装生产车间、高支精纺呢绒纺织一体化车间，加快打造具有创新力和影响力的纺织服装生产基地；海康威视从传统安防向智慧安防转型升级，不断提升产品智能化水平，服务企业数字化转型与智慧城市建设；建设中的格力电器高栏产业园项目将打造成自动化、信息化、智能化、定制化的"智慧工厂";等等。①

此外,东部地区深化科技体制改革,加强知识产权保护和科技成果转化,营造良好创新生态环境,促进科技与金融、产业深度融合。加强国家自主创新重大创新平台建设,实施产业领军人才和服务创新团队的引进和支持。率先实现产业升级,引领新兴产业和现代服务业发展,打造全球先进制造业基地。东部地区高层次参与国际经济合作和竞争,增创扩大开放新优势,提升对外开放水平,率先建立全方位开放型经济体系。

经过努力,东部地区在调整转型中进一步焕发了生机活力,在全国继续发挥重要增长引擎和辐射带动作用。从"东部率先发展"到"创新引领率先实现东部地区优化发展",再到"鼓励东部地区加快推进现代化",东部地区使命光荣、责任重大、前景光明。东部一些地区发展水平较高,要发挥创新要素集聚优势,加快培育世界级先进制造业集群,引领新兴产业和现代服务业发展,提升要素产出效率,率先实现产业升级。要更高层次参与国际经济合作和竞争,打造对外开放新优势,率先建立全方位开放型经济体系。承担为全国发展率先闯关探路重要历史使命的东部地区,在新时代区域协调发展战略的引领下,必将乘风破浪、勇往直前!

海洋是日益重要的国土空间和资源。我国是一个海洋大国,海域面积辽阔。党的十八大报告首提"建设海洋强国",为我国海洋事业

---

① 参见辛本健等:《"创新引领率先实现东部地区优化发展"》,《人民日报》2021年10月28日。

发展确定了战略目标。2013年7月30日，习近平总书记主持十八届中共中央政治局第八次集体学习时强调："建设海洋强国是中国特色社会主义事业的重要组成部分。"①党的十九大和十九届四中全会分别对海洋强国建设作出部署。"十四五"规划和2035年远景目标纲要明确提出："积极拓展海洋经济发展空间"，坚持陆海统筹、人海和谐、合作共赢，协同推进海洋生态保护、海洋经济发展和海洋权益维护，加快建设海洋强国。进入新时代，党中央、国务院就发展海洋经济、推进建设海洋强国作出重要部署，保护和开发海洋经济加快推进海洋科技创新，推进沿海城市开展海洋综合科技创新改革试点；统筹海洋重大产业项目，支持沿海及海岛重大基础设施建设。

2020年，全国海洋生产总值80010亿元，占沿海地区生产总值的14.9%。其中，东部海洋经济圈海洋生产总值25698亿元，占全国海洋生产总值的32.1%。如今，海洋经济综合实力不断提升，发展布局持续优化，海洋科技自主创新取得新突破，海洋生态环境保护进一步加强，海上开放合作不断拓展，为推进建设海洋强国奠定了坚实基础。

下一步，要围绕海洋工程、海洋资源、海洋环境等领域突破一批关键核心技术，全面提高北部、东部、南部三大海洋经济圈发展水平，支持海洋经济发展示范区、现代海洋城市等建设，提升海洋资源开发利用水平，拓展海洋经济发展空间，建设海洋强国。

---

① 习近平在中共中央政治局第八次集体学习时的讲话，《人民日报》2013年8月1日。

区域协同的"交响乐"不是各吹各的号、各奏各的调,而要下好全国一盘棋,建立区域间的协调机制,实现东中西、南北方错落有致、协调发声,演奏出美妙动听、气势恢宏的发展乐章。

西部地区基础设施和生态环境建设取得重大进展,积极承接东部产业转移,优势区域重点发展、生态功能区重点保护的新格局正在形成。2020年,西部地区生产总值占全国的比重较1999年提高3.1个百分点。

东北地区加快建设现代化经济体系,不断推进资源枯竭型城市转型,优质农业、装备制造业发展壮大,寒地冰雪、生态旅游等特色产业蓬勃发展,老工业基地焕发新的生机,营商环境不断改善。

中部地区经济总量占全国的比重进一步提升,粮食生产基地、能源原材料基地、现代装备制造及高科技产业基地和综合交通运输枢纽地位更加巩固,新型城镇化、新型工业化主战场的作用进一步发挥,国家现代化经济增长新动能区域的功能进一步凸显。

东部地区继续发挥改革开放先行先试、综合创新能力强、现代制造领先、服务业高端的优势,科技创新投入持续加大,产业转型升级和新旧动能转换加快推进,战略性新兴产业快速发展,在建设自由贸易试验区、全面创新改革试验区等方面成效显著,经济社会现代化水平进一步提升,国际竞争力进一步增强。

东中西和东北"四大板块"各司各的位,各负各的责,优势互补、齐头并进,陆海统筹力度加大,新时代区域发展空间格局就能更趋协调、更加联动,中国经济的发展空间必将不可限量。

第九章
促进欠发达地区加快发展

——支持革命老区、民族地区、边疆地区、贫困地区等改善生产生活条件新中国成立以来，少数民族和民族地区得到了很大发展，但一些民族地区群众困难多，困难群众多，同全国一道实现全面建成小康社会目标难度较大，必须加快发展，实现跨越式发展。要发挥好中央、发达地区、民族地区三个积极性，对边疆地区、贫困地区、生态保护区实行差别化的区域政策，优化转移支付和对口支援体制机制，把政策动力和内生潜力有机结合起来。要紧扣民生抓发展，重点抓好就业和教育；发挥资源优势，重点抓好惠及当地和保护生态；搞好扶贫开发，重点抓好特困地区和特困群体脱贫；加强边疆建设，重点抓好基础设施和对外开放。

——习近平

长期以来，革命老区、民族地区、边疆地区、贫困地区、资源枯竭型地区等欠发达地区是我国区域发展的短板，也是我国区域协调发展中需要补短板、强弱项的重点领域。同时，这些特殊类型地区作为城乡区域协调发展中的短板地区、生态文明建设中的脆弱地区、促进边疆巩固的重点地区，面临更加复杂的环境条件和更为艰巨的发展任务。党的十九大报告中专门指出，要加大力度支持革命老区、民族地区、边疆地区、贫困地区加快发展，支持资源型地区经济转型发展，加快边疆发展，确保边疆巩固、边境安全。党的二十大报告进一步强调，支持革命老区、民族地区加快发展，加强边疆地区建设，推进兴边富民、稳边固边。促进欠发达地区加快发展，其根本目的就是要缩小我国区域发展差距和实现基本公共服务均等化，对于实现全体人民共同富裕和全面建成小康社会具有重大意义。促进欠发达地区加快发展，需要创新完善区域规划和区域政策，健全区域协调发展机制，瞄准欠发达地区突出问题进行精准突破。

形成促进革命老区加快发展的强大合力

革命老区和老区人民为中国革命胜利和社会主义现代化建设作出了重大牺牲和重要贡献。新中国成立以来，特别是改革开放以来，在党中央、国务院的关心支持下，革命老区面貌发生了深刻变化，老区人民生活水平显著改善。但由于自然、历史、现实等多重因素影响，一些贫困老区发展仍然相对滞后，基础设施相对薄弱，人民生活水平相对不高，自我发展能力不足，还有相当数量的农村贫困人口，总体发展水平与全国发展水平差距很大。

革命老区是党和人民军队的根，是中国人民选择中国共产党的历史见证。党的十八大以来，习近平总书记多次深入革命老区考察调研，从滹沱河畔到宝塔山，从遵义古城到沂蒙老区，"红色足迹"遍及各个革命老区。他多次强调让老区人民过上幸福生活，就革命老区振兴发展作出一系列重要指示，提出一系列明确要求。习近平总书记指出："让老区人民过上好日子，是我们党的庄严承诺，各级党委和政府要继续加大对革命老区的支持，形成促进革命老区加快发展的强大合力。"① "我们党是全心全意为人民服务的党，将继续大力支持老区发展，让乡亲们日子越过越好。"② 党的十八大以来，党中央、国务院统筹推进革命老区振兴，因地制宜发展特色产业，传承弘扬红色文化，支持赣闽粤原中央苏区高质量发展示范，推进陕甘宁、大别山、左右江、川陕、沂蒙等革命老区绿色创新发展。

老区脱贫攻坚任务相当艰巨，是全面建成小康社会的重点和难点。2016年年初，据有关部门统计，老区中的贫困县占全国贫困县总数的近一半，近四万个建档立卡贫困村分布在老区，有近3000万贫困人口。③ 实现第一个百年奋斗目标，全面建成小康社会，没有老区的全面小康，特别是没有老区贫困人口脱贫致富，那是不完整的。

---

① 习近平在山东考察工作时的讲话，《人民日报》2013年11月29日。
② 习近平在春节前夕赴江西看望慰问广大干部群众时的讲话，《人民日报》2016年2月4日。
③ 赵展慧：《贫困县占全国总数近一半 老区如何实现脱贫致富梦》，《人民日报》2016年2月2日。

2015年，中共中央办公厅、国务院办公厅印发《关于加大脱贫攻坚力度支持革命老区开发建设的指导意见》。这是一份支持全国革命老区开发建设与脱贫攻坚的纲领性文件。该指导意见提出，老区开发建设与脱贫攻坚突出三个工作重点、六大主要任务，确保2020年老区全面脱贫，同步实现全面建成小康社会。

三个工作重点，一是突出贫困老区，二是突出困难群体，三是突出集中解决老区发展瓶颈制约。第三个重点，围绕基础设施建设、资源开发和产业发展、生态环境保护等重点领域和薄弱环节，选准主攻方向，实现以重点突破带动全面提升。这项工作的施策对象包括全部革命老区，主要从改善发展环境和提高基本公共服务能力入手，支持老区发展特色经济，加强生态环境保护，构建开放型经济新格局，推动老区经济社会全面发展。

六大主要任务，主要是从基础设施、资源开发、产业发展、环境保护、民生改善、转移就业、精准扶贫、改革创新等方面提出了老区开发建设与脱贫攻坚主要任务。一是围绕精准扶贫、精准脱贫，统筹谋划老区开发建设工作，确保老区贫困群众如期脱贫；二是围绕破解区域发展瓶颈制约，建设一批重大基础设施项目，尽快改善老区基础设施条件；三是围绕补齐公共服务短板，解决一批突出民生问题，加快推进老区基本公共服务均等化；四是围绕市场需要和资源优势，积极培育壮大一批特色优势产业，着力增强老区自我发展能力；五是围绕实现可持续发展，加强生态环境建设和保护，打造永续发展的美丽老区；六是围绕创新体制机制，深化重点领域改革，支持老区积极主动融入国家重大战略。

《关于加大脱贫攻坚力度支持革命老区开发建设的指导意见》还从加强规划引导和重大项目建设、持续加大资金投入、强化土地政策保障、完善资源开发与生态补偿政策、提高优抚对象优待抚恤标准、促进干部人才交流和对口帮扶等六个方面，明确了一系列支持老区开发建设与脱贫攻坚的政策措施。

革命老区在我国分布较广，既存在自然条件相对较差、经济社会发展相对较慢、人民生活水平普遍不高等共性问题，也存在交通区位条件、经济社会发展基础等较大差异的情况；既需要不断提高普惠政策支持力度，也需要因地施策、分类指导，有针对性地统筹谋划好重点老区、贫困老区振兴发展。近年来，党中央、国务院出台了一系列支持革命老区振兴发展的政策文件，全力加快老区开发建设步伐，各地区各部门加大对革命老区支持力度，让老区人民过上更加幸福美好的生活。

按照国务院部署，2011年年底以来，国家发展改革委和国务院扶贫办牵头，组织编制了全国集中连片特困地区区域发展与扶贫攻坚规划，其中的武陵山、秦巴山、滇桂黔石漠化、六盘山、吕梁山、燕山—太行山、大别山、罗霄山八个集中连片特困地区，同时也是老区集中分布的地区。按照"区域发展带动扶贫开发，扶贫开发促进区域发展"的思路，坚持把集中连片特困地区脱贫攻坚与跨省区协同发展、老区振兴发展结合起来，全力探索贫困老区脱贫攻坚的新路子。

2011年，针对山东沂蒙老区发展中存在的实际问题，国家发展改革委牵头研究提出了加大对沂蒙老区的相关支持政策，国务院同意沂蒙老区18个县（市、区）在安排中央预算内投资等资金时参照执行中部地区政策，有力支持了沂蒙老区加快发展。

2012年3月，国务院批复同意《陕甘宁革命老区振兴规划》。这是新中国成立以来我国第一部支持革命老区经济、社会发展的综合性区域规划。该规划涵盖甘肃省庆阳、平凉，陕西省延安、榆林、铜川，宁夏回族自治区的吴中、固原、中卫等八个地级市的58个县以及白银市、渭南市、咸阳市、银川市等四个地级市的九个县，总面积19.2万平方公里。该规划明确指出，到2015年，陕甘宁革命老区国家能源化工基地初步建成，农村产品加工业、红色文化产业等特色产业初具规模。到2020年，现代能源产业体系基本完备，单位产值能耗及污染排放量进一步降低，城乡居民收入大幅增加，基本公共服务达到全国平均水平，实现全面建成小康社会目标。

2014年3月，国务院批复同意《赣闽粤原中央苏区振兴发展规划》。该规划是按照2012年6月出台的《国务院关于支持赣南等原中央苏区振兴发展的若干意见》[①]精神，由国家发展改革委牵头，会同江西、福建、广东三省和国务院有关部门历时一年半编制的。批复强调，《赣闽粤原中央苏区振兴发展规划》实施要着力承接沿海地区产业转移，推动产业结构优化升级；着力加快基础设施建设，增强发展的支撑能力；着力加快新型城镇化进程，促进城乡一体化发展；着力推进生态文明建设，提高生态保障能力；着力保障和改善民生，切实提高公共服务能力，努力走出一条欠发达地区实现跨越式发展的新

---

① 该意见明确赣州市全面执行西部大开发政策、建立中央国家机关对口支援江西有关县市工作机制等一系列特殊支持政策。

路子，使原中央苏区广大人民早日过上富裕幸福的生活，确保与全国同步实现全面建成小康社会的奋斗目标。

2015年2月，国务院批复同意《左右江革命老区振兴规划2015—2025年》。该规划以百色为代表的左右江革命老区为核心，统筹考虑区域经济社会协调发展，规划范围包括：广西壮族自治区百色市、河池市、崇左市全境以及南宁市部分地区；贵州省黔西南布依族苗族自治州全境，黔南布依族苗族自治州、黔东南苗族侗族自治州部分地区；云南省文山壮族苗族自治州全境。规划总面积17万平方公里。批复要求要着力加强革命老区基础设施建设和发展特色产业，打造产业集聚、经济繁荣的活力老区；着力加强生态文明建设，创新生态建设、资源节约和环境保护体制机制，打造天蓝山青水净的美丽老区；着力加强保障和改善民生，促进城乡统筹与区域协调发展，弘扬老区革命精神与民族文化，打造全国旅游文化示范的文化老区，努力探索革命老区跨越发展、持续发展的新路子，加快老区开发建设步伐，增强老区自我发展能力。

2015年6月，国务院批复同意《大别山革命老区振兴发展规划》。该规划以大别山革命老区为中心，综合考虑区域经济社会联系和协调发展要求，规划范围包括：安徽省六安市、安庆市全境；河南省信阳市、驻马店市全境，南阳市的桐柏县、唐河县；湖北省黄冈市、随州市全境，孝感市的孝南区、安陆市、应城市、大悟县、孝昌县、云梦县，襄阳市的枣阳市，武汉市的黄陂区、新洲区。规划总面积10.86万平方公里。该规划提出了欠发达地区科学发展示范区、全国重要的粮食和特色农产品生产加工基地、长江和淮河中下游地区重要的生态安全屏障、全国重要的旅游目的地的战略定位。该规划明确了发展现代农业、促进产业结构优化升级、优化城乡建设布局、推进基础设施建设、加强生态建设和环境保护、完善基本公共服务、加快重点领域改革等七个方面的重点任务。

2016年,《川陕革命老区振兴发展规划》发布,提出加强红色文化资源保护,建设爱国主义教育、革命传统教育和红军精神教育基地。近年来,川陕革命老区大力弘扬传承红色文化,深入挖掘红色文化旅游资源,打造全国知名的红色旅游目的地。结合地区实际,川陕革命老区持续巩固脱贫攻坚成果,发展木耳、茶叶等特色产业,加速基础设施建设,加强生态环境保护,开发红色旅游资源,公共服务水平也不断提高。

经过多方面的共同努力,2020年年底,革命老区中的358个贫困县全部摘帽,贫困人口全部脱贫,如期打赢脱贫攻坚战,与全国同步全面建成小康社会。老区面貌发生了显著变化,办成了多年想办而没有办成的大事、难事、实事,呈现出经济持续向好、民生显著改善、社会全面进步、后劲日益增强的良好局面。

脱贫摘帽不是终点,而是新生活、新奋斗的起点。革命老区大部分位于多省交界地区,很多仍属于欠发达地区。加快革命老区振兴发展,巩固拓展脱贫攻坚成果是重中之重。2021年,国务院印发《关于新时代支持革命老区振兴发展的意见》,批复《"十四五"特殊类型地区振兴发展规划》,明确了全国12个革命老区规划范围和20个革命老区重点城市,新时代支持革命老区振兴发展的政策举措陆续出台,新时代支持革命老区振兴发展的政策体系初步建立。

新时代支持革命老区振兴发展：一是巩固拓展脱贫攻坚成果，因地制宜推进振兴发展，推动实现巩固拓展脱贫攻坚成果同乡村振兴有效衔接、促进大中小城市协调发展、对接国家重大区域战略；二是促进实体经济发展，增强革命老区发展活力，完善基础设施网络、培育壮大特色产业、提升创新驱动发展能力；三是补齐公共服务短板，增进革命老区人民福祉，提升公共服务质量、弘扬传承红色文化、促进绿色转型发展。

按照新时代支持革命老区振兴发展的规划，到2025年，革命老区脱贫攻坚成果全面巩固拓展，乡村振兴和新型城镇化建设取得明显进展，基础设施和基本公共服务进一步改善，居民收入增长幅度高于全国平均水平，对内对外开放合作水平显著提高，红色文化影响力明显增强，生态环境质量持续改善。到2035年，革命老区与全国同步基本实现社会主义现代化，现代化经济体系基本形成，居民收入水平显著提升，基本公共服务实现均等化，人民生活更加美好，形成红色文化繁荣、生态环境优美、基础设施完善、产业发展兴旺、居民生活幸福、社会和谐稳定的发展新局面。

决不让一个民族地区落伍

党的十八大以来，以习近平同志为核心的党中央大力推动民族地区健康发展，加大财政投入和金融支持，改善基础设施条件，提高基本公共服务能力，培育发展优势产业和特色经济，进一步强化对口支援和帮扶。

我国是一个统一的多民族国家，民族地区是我国的资源富集区、水系源头区、生态屏障区、文化特色区、边疆地区、贫困地区。各民族共同团结进步、共同繁荣发展是中华民族的生命所在、力量所在、希望所在。新中国成立以来，少数民族和民族地区得到了很大发展，但一些民族地区群众困难多，困难群众多。据统计，2012年，我国内蒙古自治区、广西壮族自治区、西藏自治区、宁夏回族自治区、新疆维吾尔自治区和贵州、云南、青海等民族八省区贫困人口达3121万，贫困发生率为20.8%。同全国一道实现全面建成小康社会目标难度较大，民族地区必须加快发展，实现跨越式发展。

习近平总书记强调，全面建成小康社会，一个民族都不能少；在全面建设社会主义现代化国家的新征程上，也一个民族都不能少。党的十八大以来，民族地区和各族群众牢记习近平总书记的殷切嘱托，走出了一条波澜壮阔的脱贫奔小康之路，困扰少数民族和民族地区千百年来的绝对贫困和区域性整体贫困问题历史性地得到解决。从青藏高原到塞外草原，从天山脚下到彩云之南，民族地区发生历史巨变，各族儿女携手同行，正向着更加美好的新生活奋力奔跑。

2013年2月，习近平总书记赴甘肃调研考察。他走进位于临夏回族自治州东乡族自治县高山乡的布楞沟村。甘肃省临夏回族自治州地处六盘山集中连片特困地区，是多民族聚居区和深度贫困地区，脱贫任务重、难度大。布楞沟，东乡语意为"悬崖边"，村如其名，山大坡陡、沟壑纵横，村民吃水困难，要么喝雨水或者盐碱水，要么往返30公里到洮河取水；全村都是又窄又陡的土路，八成以上群众住的是土坯危房。在这里，习近平总书记希望乡亲们"发扬自强自立精神,找准发展路子、苦干实干,早日改变贫困面貌"①。

布楞沟村所在的临夏回族自治州,是国家重点扶持的"三区三州"②深度贫困地区之一。党的十八大以来,中央多个部门相继出台支持"三区三州"深度贫困地区脱贫攻坚的文件。2017年9月,中共中央办公厅、国务院办公厅印发《关于支持深度贫困地区脱贫攻坚的实施意见》,明确新增的脱贫攻坚资金、项目、举措主要用于"三区三州"等深度贫困地区。2018年,中共中央、国务院《关于打赢脱贫攻坚战三年行动的指导意见》出台,专门对"三区三州"等深度贫困地区脱贫攻坚作出部署。从住房安全、饮水安全到教育医疗、基础设施建设,各项扶贫举措一项项推进,昔日阻碍当地脱贫致富的"穷根"被逐渐斩断。数据显示,2016年至2020年,中央累计安排财政专项扶贫资金2415.2亿元用于支持民族八省区,占全国总量的45.5%;累计安排中央财政专项扶贫资金(少数民族发展支出方向)304亿元。2016年以来,民族八省区共完成贫困户危房改造210万户,易地搬迁400万人。

产业扶持、资金投入、易地扶贫搬迁、教育提升,一项项扶持政策接踵而至,一个个扶贫项目扎实落地,让民族贫困地区的整体面貌发生了翻天覆地的变化。截至2018年年底,独龙族、德昂族、基诺

---

① 习近平春节前夕赴甘肃看望各族干部群众时的讲话,《人民日报》2013年2月6日。
② "三区三州"的"三区"是指西藏自治区和青海、四川、甘肃、云南四省藏区及南疆的和田地区、阿克苏地区、喀什地区、克孜勒苏柯尔克孜自治州四地区;"三州"是指四川凉山州、云南怒江州、甘肃临夏州。

族等 18 个人口较少民族实现整族脱贫；2019 年，保安族、普米族、毛南族等 7 个人口较少民族实现整族脱贫；截至 2020 年年底，我国 28 个人口较少民族都已如期脱贫，迎来历史性变迁。如今的布楞沟村，3600 亩高标准梯田环绕村落，整齐划一的红砖红瓦房坐落山间；5 米宽的水泥硬化路绵延村外，地下 15 公里的自来水管通向每一户村民家里。

扶贫政策给力，扶贫干部带头，基层党组织和党员充分发挥战斗堡垒和先锋模范作用，带领群众找思路、办培训、兴产业，扶贫、扶志、扶智并重，民族地区干部群众致富路上有了更强劲的内生动力。据统计数据，截至 2020 年年底，民族八省区共有驻村工作队 5.3 万个、驻村干部 23.3 万人，在贫困人口精准识别、宣传和落实脱贫攻坚政策、帮助建强基层组织等方面发挥了重要作用。

据报道，在广西壮族自治区环江毛南族自治县，当地创建 100 多间"扶贫车间"、400 多间扶贫商铺，鼓励贫困群众自主创业；在四川省凉山彝族自治州，全州兴建 3000 多个村级幼儿教学点，将教育扶贫的种子播撒到大山深处，从源头阻断贫困代际传递；在西藏自治区林芝市更章门巴民族乡久巴村，村党支部书记多布杰发动党员外出学习技术，带领村民试种草莓、甜玉米等果蔬，建起草莓种植大棚 66 座，年收入达 224 万元。

作为少数民族类型最多的省份，云南把发展作为解决民族地区问题的总钥匙，2016 年至 2020 年，全省民族自治地方生产总值年均增长 8.4%，经济社会发展主要指标年均增幅均高于全省平均水平，广大民族地区山乡巨变、山河锦绣。

2016年至2020年，民族八省区建档立卡贫困人口人均纯收入从4203元增长到10770元，增幅达156%。全国民族自治地方420个贫困县全部脱贫摘帽，28个人口较少民族全部实现整族脱贫。

与此同时，各民族交往交流交融更加广泛深入。基础设施条件的极大改善，拉近了边疆与内地的距离，改善了各民族交往交流交融条件。民族团结进步创建工作向边疆地区不断拓展，边境民族团结进步模范长廊建设扎实推进。依托东西部协作、对口支援、定点帮扶等机制，"结对子""手拉手""一家亲"等民族团结联谊活动广泛开展，大学生志愿服务西部计划、"三区"人才支持计划等深入实施，各民族交往交流交融的广度和深度不断拓展。

更好服务边疆地区高质量发展

党的十八大以来，以习近平同志为核心的党中央大力推进边疆地区开发开放，制定支持沿边重点地区开发开放指导意见，建立沿边重点开发开放试验区，推动基础设施互联互通，支持建设对外骨干通道，加快边境地区城镇化建设，大力推进兴边富民行动，边疆地区发展进一步加快。

边疆地区是我国对外开放的前沿，是展示国家实力和形象的窗口，是确保国土安全和生态安全的重要屏障。很多边疆地区既是边疆，也是民族地区，在维护民族团结和边疆安宁上担负着重要使命。边境兴则边疆兴，边民富则边防固。要考虑国家安全因素，增强边疆地区发展能力，使之有一定的人口和经济支撑，以促进民族团结和边疆稳固。

党的十八大后，党中央把经济发展和民生改善提高到稳疆安疆的战略高度，要求"发展要落实到改善民生上，落实到惠及当地上，落实到增进团结上"[①]，"坚持紧贴民生推动高质量发展"[②]，深入推进新时代兴边富民、稳边固边行动，大力改善边境地区生产生活条件，完善沿边城镇体系，支持边境口岸建设，加快抵边村镇和抵边通道建设，推动边境贸易创新发展，加大对重点边境地区发展精准支持力度，边疆地区经济社会发展取得历史性成就。

依托西部陆海新通道等交通网络，边疆地区切实做足"边"的文章，主动服务和融入新发展格局。特色种植养殖、边贸加工、跨境电商、文化旅游等富民产业蓬勃发展，各族群众的增收致富渠道不断拓宽。2000年至2020年，陆地边境县（市、区、旗）的地区生产总值从不足900亿元，增加到突破一万亿元；人均地区生产总值从不足4400元，增加到四万多元。

党的十八大以来，边境地区69个贫困县全部摘帽，人口较少民族全部整族脱贫，与全国一道步入全面小康。边疆地区基础设施条件日新月异，交通便利化水平大幅提升，信息通信网络覆盖更加普遍，服务发展和促进各民族交往交流交融的能力全面提升。广大边民的住房安全、饮水安全得到有力保障，上学难、看病难得到有效解决。教育、医疗、文化、社会保障等公共服务水平大幅提升，各族群众物质生活和精神生活日益富足。

[①] 习近平在新疆考察时的讲话，《人民日报》2014年5月1日。
[②] 习近平在第三次中央新疆工作座谈会上的讲话，《人民日报》2020年9月27日。

党的十八大以来，边疆地区积极服务和融入共建"一带一路"。目前，边疆地区设有边境经济合作区 17 个，跨境经济合作区两个，重点开发开放试验区 9 个，自由贸易试验区（片区）5 个。"十三五"期间，边境（跨境）经济合作区共实现进出口总额近 6300 亿元，年均增长 9.2%，实现就业 18.5 万人。

我国的西南边疆包括云南和广西。2020 年 1 月，习近平总书记在云南考察时指出，云南要主动服务和融入国家重大发展战略，以大开放促进大发展，加快同周边国家互联互通国际大通道建设步伐。2021 年 4 月，习近平总书记在广西考察时强调，广西要融入共建"一带一路"，高水平共建西部陆海新通道，大力发展向海经济，促进中国—东盟开放合作，办好自由贸易试验区，把独特区位优势更好转化为开放发展优势。

牢记总书记嘱托，近年来，广西、云南依托西部陆海新通道等国家战略的实施，围绕共建"一带一路"，不断加强与周边国家基础设施建设合作、优化通关服务、推动产业合作升级，把区位优势转化为发展优势，实现更高水平的对外开放。

云南，以昆明、曲靖、嵩明杨林、大理和蒙自五个国家级经济技术开发区为引领，瑞丽、勐腊（磨憨）两个国家重点开发开放试验区，中越、中老、中缅三个跨境经济合作区，昆明、红河两个综合保税区，以及河口等九个边境经济合作区，支撑起云南广阔的开放平台。

"十三五"期间，云南省大力实施兴边富民工程，连续实施两轮"兴边富民工程改善沿边群众生产生活条件三年行动计划"。2021 年，云南省委、省政府再次作出部署，力争用三年时间将 374 个沿边行政村（社区）初步建成"基础牢、产业兴、环境美、生活好、边疆稳、党建强"的现代化边境小康村，推动形成边民富、边疆美、边防固的良好局面。2022年1月1日，《区域全面经济伙伴关系协定》（RCEP）正式生效，云南迎来开放发展的新机遇。2022年1月，云南印发相关行动计划，围绕RCEP内容，提出五个方面21条措施，面向东盟巩固水果、蔬菜、花卉等农产品出口，面向日韩等国扩大松茸、咖啡、茶叶等产品出口，促进高新技术产品进口，力争做好"内外统筹、双向开放"的大文章。

广西则主动融入和服务国家新发展格局加快推动"南向、北联、东融、西合"全方位开放发展。中国—东盟合作"南宁渠道"影响力不断扩大，重大开放平台能级提升，外资外贸总量质量双提升。近年来，广西对东盟贸易额年均增长25%以上，东盟连续22年成为广西最大的贸易伙伴。2021年，广西向海经济生产总值达到4202亿元，占全区GDP比重达17.0%。广西还统筹推进少数民族聚居区、民族自治县、民族乡等巩固拓展脱贫攻坚成果同乡村振兴有效衔接。2021年，广西共安排少数民族聚居的县（市、区）衔接资金116.44亿元；在"万企兴万村"行动中，有9285家企业帮扶少数民族聚居的县（市、区）内的10379个行政村。

西藏是我国重要的边疆民族地区，有21个边境县。建设发展好边境县，对于西藏长治久安和高质量发展意义重大。从2018年开始，西藏在21个边境县实施以"神圣国土守护者、幸福家园建设者"为主题的乡村振兴工程，加大政策支持力度，加快推进边境地区建设，着力提高群众生活水平。迄今，边境一、二线行政村公路通达通畅，主电网延伸到全部边境乡（镇），实现村村通邮、移动通信网络全覆盖，农村人口饮水安全得到保障，就近入学、就医等公共服务设施日益完善。实施边境地区产业项目，依托边境地区资源禀赋发展特色产业，越来越多的村民走上致富路。截至2021年年底，620多个边境小康村全部建成。如今，西藏正着力创建国家固边兴边富民行动示范区，大力实施守土固边工程，构建边民生活有保障、致富有渠道、守边有动力、发展有支撑的新格局。

新疆维吾尔自治区下辖14个地、州、市，而南疆四地州——和田地区、喀什地区、阿克苏地区和克孜勒苏柯尔克孜自治州是14个集中连片特困地区[①]之一。党的十八大以来，新疆紧紧围绕各族群众安居乐业，着力办好各项惠民生的实事，持之以恒抓好脱贫攻坚和促进就业两件大事。南疆四地州是国家确定的深度贫困地区，是全国脱贫攻坚的"难中之难"。党中央把南疆四地州纳入"三区三州"范围重点支持，在资金、项目、政策等方面加大倾斜支持力度。聚焦南疆四地州脱贫攻坚主战场，新疆采取产业扶贫、就业扶贫、易地扶贫搬迁等一系列有力举措，到2020年年底如期完成全区306.49万人脱贫、3666个贫困村退出、35个贫困县摘帽的目标任务，彻底消除南疆四地州区域性整体贫困。

新疆地处古丝绸之路的核心地带，在建设丝绸之路经济带中具有不可替代的地位和作用。近年来，新疆发挥区位优势，丰富对外开放

---

① 14个集中连片特困地区是指：六盘山区、秦巴山区、武陵山区、乌蒙山区、滇桂黔石漠化区、滇西边境山区、大兴安岭南麓山区、燕山—太行山区、吕梁山区、大别山区、罗霄山区和西藏、四省涉藏地区区、新疆南疆四地州。

载体，提升对外开放层次，创新开放型经济体制，加快推进丝绸之路经济带核心区建设，打造内陆开放和沿边开放的高地。经霍尔果斯、阿拉山口两大口岸通行的中欧（中亚）班列固定线路已达57条，累计通行进出境班列超过五万列。如今，新疆正巩固拓展脱贫攻坚成果，加快全面推进乡村振兴。

地处祖国北疆的内蒙古，战略地位十分重要。习近平总书记指出，把内蒙古建成我国北方重要生态安全屏障，是立足全国发展大局确立的战略定位，也是内蒙古必须自觉担负起的重大责任。大兴安岭、阴山、贺兰山一线，是祖国北部边疆的"生态脊梁"，两侧分布有草原、森林、沙地、沙漠、河流、湖泊等各类生态系统。进入新时代，内蒙古坚持把生态安全屏障建设和生态环境保护摆在压倒性位置，统筹山水林田湖草沙整体保护和系统治理，强化"三区三线"硬约束，将超过50%的国土面积划入生态保护红线。近年来，内蒙古草原综合植被盖度和森林覆盖率实现"双提高"，荒漠化和沙化土地实现"双减少"。内蒙古还紧跟世界能源技术革命新趋势，延长产业链条，提高能源资源综合利用效率，加快构建清洁低碳、安全高效的能源体系，着力做好现代能源经济这篇文章。2021年，内蒙古共向外省份输送5.8亿吨煤炭；外送电量2467亿千瓦时，占全国跨省份外送电量的15%以上。

东北边疆山海相连，巍峨的兴安岭、长白山，奔流的松花江、鸭绿江，一幅壮美的山水画卷在东北边疆地区徐徐展开。这里面向东北亚地区，融入"一带一路"建设，开放的步伐越来越大。近年来，黑龙江主动融入"一带一路"建设，中国（黑龙江）自由贸易试验区加快建设，黑河公路大桥建成，同江铁路大桥铺轨贯通。截至2021年，过去的五年黑龙江全省进出口总额年均增长12.8%。

吉林省规划建设珲春海洋经济发展示范区等九个国家级开放合作平台，积极推进珲春陆上边境口岸型国家物流枢纽建设，畅通"滨海2号"国际交通走廊和长吉珲、长白通丹大通道，长珲、敦白高速铁路和珲春圈河、图们公路口岸桥建成通车，开通"长满欧""长珲欧""长春—汉堡"等三条中欧班列，累计承运货物约7.9万标箱、货值196亿元。

在党中央的坚强领导下，边疆地区人民自信自强、团结奋斗，基础设施跃上新台阶，特色产业蓬勃发展，人民生活蒸蒸日上，对外开放水平稳步提高，边防巩固边境安全，各民族的面貌、民族关系的面貌、经济社会发展的面貌焕然一新，中华文化认同不断强化，各族群众的获得感、幸福感、安全感空前增强，中华民族共同体意识进一步铸牢，中华民族的凝聚力和向心力极大提升，呈现出"中华民族一家亲、同心共筑中国梦"的良好局面。

让贫困地区同步全面建成小康社会

贫困是人类社会的顽疾。反贫困始终是古今中外治国安邦的一件大事。一部中国史，就是一部中华民族同贫困作斗争的历史。党的十八大以来，党中央鲜明提出，全面建成小康社会最艰巨最繁重的任务在农村特别是在贫困地区，没有农村的小康，特别是没有贫困地区的小康，就没有全面建成小康社会；强调贫穷不是社会主义，如果贫困地区长期贫困，面貌长期得不到改变，群众生活水平长期得不到明显提高，那就没有体现我国社会主义制度的优越性，那也不是社会主义，必须时不我待抓好脱贫攻坚工作。

2012年年底，党的十八大召开后不久，党中央就突出强调，"小康不小康，关键看老乡，关键在贫困的老乡能不能脱贫"，承诺"决不能落下一个贫困地区、一个贫困群众"，拉开了新时代脱贫攻坚的序幕。2013年，党中央提出精准扶贫理念，创新扶贫工作机制。

2015年，党中央召开扶贫开发工作会议，提出实现脱贫攻坚目标的总体要求，实行扶持对象、项目安排、资金使用、措施到户、因村派人、脱贫成效"六个精准"，实行发展生产、易地搬迁、生态补偿、发展教育、社会保障兜底"五个一批"，发出打赢脱贫攻坚战的总攻令。中西部22个省份党政主要负责人向中央签署脱贫攻坚责任书、立下"军令状"，确保"不获全胜决不收兵"。

按照中央统一部署，中央和国家机关先后制定、出台了200多个扶贫政策文件和实施方案，各个省区市也纷纷出台和完善"1+N"扶贫举措。中国构筑起了从上到下全面联动的贫困治理政策体系。

为了打通精准扶贫的"最后一公里"，从2013年开始，全国向贫困村选派第一书记和驻村工作队。从中央到地方，集中精锐力量，累计选派了25.5万个驻村工作队、300多万名第一书记和驻村干部，他们和近200万名乡镇干部以及数百万名村干部一起奋战在扶贫一线。

除了中央和国家机关各部门、民主党派、人民团体、国有企业和人民军队等积极行动，开展定点扶贫，广大民营企业、社会组织和公民个人也热情参与,"万企帮万村"行动蓬勃开展,构建起专项扶贫、行业扶贫、社会扶贫互为补充的大扶贫格局,形成了跨地区、跨部门、跨单位、全社会共同参与的社会扶贫体系。千千万万的扶贫善举彰显出了社会大爱,也汇聚起了排山倒海的磅礴力量。

贫困地区群众是这场脱贫攻坚战的参与主体,充分地调动他们的积极性、主动性和创造性,激发他们的脱贫内生动力,这是打赢脱贫攻坚战的关键一环。在党的领导下,广大贫困群众把对美好生活的向往转化成了脱贫攻坚的强大动能,树立起"宁愿苦干、不愿苦熬"的观念,鼓足了"只要有信心,黄土变成金"的干劲,不等待、不观望,发扬"让我来"的精神,依靠自己的双手摆脱贫困、改变命运。

到2020年年底,832个贫困县全部编制了产业扶贫规划,累计建成各类产业基地超过30万个。全国960多万贫困人口搬进了新落成的266万多套住房,水、电、路、气、网一一配齐,基本实现了有劳动力的搬迁家庭至少一人就业。通过实施生态补偿扶贫、国土绿化扶贫和生态产业扶贫,2000多万贫困人口脱贫增收。全国20万义务教育阶段建档立卡辍学学生人数实现了动态清零。

党的十八大以来,习近平总书记还对改善贫困地区交通等基础设施条件、落实扶贫开发政策、金融支持、贫困地区基层党组织建设、驻村扶贫工作队、新农村建设和人口较少民族同步建成小康社会等问题提出了具体要求。此外,我国加快推进县乡村三级农村物流网络体系建设和"快递下乡"工程,让人流、物流、资金流、信息流在城乡间双向流动、高效运转。2020年,农村揽收和投递快递包裹量超过300亿件,带动工业品下乡和农产品进城超过1.5万亿元。

云南，曾是全国脱贫攻坚的主战场。全国 14 个集中连片特殊困难地区，云南有四个，迪庆藏族自治州、怒江州是全国"三区三州"深度贫困地区；全省 129 个县（市、区）中 122 个有扶贫任务，有 88 个国家级贫困县、27 个深度贫困县。按照国家统计标准，2012 年年底全省贫困人口超过 804 万。2015 年以来，云南坚持党政一把手负责制、五级书记抓扶贫，尽锐出战、攻坚克难。如今全省 933 万农村贫困人口全部脱贫，8502 个贫困村全部出列，解决了区域性整体贫困问题，11 个"直过民族"和人口较少民族整体脱贫，跨千年进入社会主义社会，实现了从贫困落后到迈入全面小康的第二个"千年跨越"。

贵州的毕节曾是西部贫困地区的典型。20 世纪 80 年代，在党中央亲切关怀下，国务院批准建立了毕节"开发扶贫、生态建设"试验区。习近平总书记十分牵挂毕节的发展，党的十八大以来三次就毕节试验区工作作出重要指示批示。2020 年，毕节完成了脱贫攻坚任务。2021 年 2 月，习近平总书记到贵州考察，第一站就专程来到毕节察看乡亲们脱贫后的实际情况。打赢脱贫攻坚战后，贵州全力推进巩固拓展脱贫攻坚成果同乡村振兴有效衔接。贵州严格落实"四个不摘"要求，健全防止返贫动态监测和帮扶机制，率先开发建设防止返贫监测信息平台、"贵州防贫申报"小程序和低收入人口动态监测信息平台，早发现、早干预、早帮扶，牢牢守住不发生规模性返贫的底线。2021 年 10 月，《贵州省全面推进乡村振兴五年行动方案》出台，以"一年起好步、三年有形象、五年大变样"为目标，全力实施巩固拓展脱贫攻坚成果、发展乡村产业、农村人居环境整治提升、推进乡风文明建设、加强乡村治理"五大行动",在巩固拓展脱贫攻坚成果的基础上,推动乡村产业、人才、文化、生态、组织等全面振兴。

近年来,宁夏持续强化易地搬迁后续扶持,实施百万移民致富提升行动。聚焦政策性移民和自主迁徙居民,以人口规模800人以上的大型移民安置区为重点,宁夏确保2021年搬迁群众人均可支配收入增速高于8%,"十四五"时期搬迁群众人均可支配收入增速始终高于全区农村居民平均水平,"十四五"末搬迁群众人均可支配收入基本达到全区农村居民平均水平。2020年9月,在建设黄河流域生态保护和高质量发展先行区第一次推进会上,宁夏明确将电子信息产业、新型材料产业、绿色食品产业、清洁能源产业、葡萄酒产业、枸杞产业、奶产业、肉牛和滩羊产业、文化旅游产业作为未来经济发展的重点,建立了每个产业"一个班子、一本规划、一套政策"的工作机制,推动产业结构改造、绿色改造、技术改造、智能改造。

此外,党的十八大以来,党中央还大力推进其他特殊类型地区的发展。

一是大力支持资源枯竭城市转型发展。出台了推动资源型城市可持续发展相关规划和培育转型新动能指导意见,安排资金支持资源型城市发展接续替代产业、扩大就业,一批资源枯竭城市实现了转型发展。

二是积极推进独立工矿区改造提升。在强化体制创新、尽力化解剥离相关历史负担的同时,加大政策和资金帮扶力度,开展独立工矿区改造搬迁工程,支持独立工矿区加快建设基础设施、公共服务设施、接续替代产业平台,探索独立工矿区改造提升、转型发展的有效路径。

三是促进生态严重退化地区保护发展。进一步实施退耕退牧还林还草等措施，探索建立多元化补偿机制，推动开展区域间、流域间生态补偿和水环境补偿试点，实行生态环境损害赔偿制度和责任终生追究制度，为地区生态恢复与保护提供经济、法律和必要的行政保障。

还有，推进老工业基地制造业竞争优势重构，建设产业转型升级示范区，改善国有林场林区基础设施，多措并举解决高海拔地区群众生产生活困难，等等。

党的十八大以来，以习近平同志为核心的党中央进一步加大政策支持力度，大力支持革命老区、民族地区加快发展，加强边疆地区建设，推进兴边富民、稳边固边，推动特殊类型困难地区跨越发展、转型提升，着力补齐区域发展短板。对一些中西部地区，对一些革命老区、民族地区、边疆地区、贫困地区，特别农产品主产区、重点生态功能区，主要目标是保障国家粮食安全、保障国家生态安全的主体功能要得到加强，各项事业有明显进步，特别是人民生活、公共服务水平有明显提高。

下一步，要重点加强基本公共服务，特别是要加大对革命老区、民族地区、边疆地区、贫困地区基本公共服务的支持力度，加强对特定人群特殊困难的帮扶，在此基础上做好教育、就业、收入分配、社会保障、医疗卫生等各领域民生工作。要健全转移支付制度，缩小区域人均财政支出差异，加大对欠发达地区的支持力度。研究建立部分省市与革命老区重点城市对口合作机制，推动革命老区巩固拓展脱贫攻坚成果，加快完善公路、铁路、能源等基础设施，补齐公共服务短板。坚持和完善民族区域自治制度，以铸牢中华民族共同体意识为主线，促进各民族交往交流交融，推动民族地区加快现代化建设步伐。出台重点区域边境建设总体方案，加强边疆地区建设，推进兴边富民、稳边固边。加大力度、细化具体措施，支持生态退化地区、资源型地区、老工业城市等更好解决自身困难，持续增强内生发展动力。

第十章
推动形成优势互补高质量发展的区域经济布局

——书写新时代区域协调发展新篇章

新形势下促进区域协调发展，总的思路是：按照客观经济规律调整完善区域政策体系，发挥各地区比较优势，促进各类要素合理流动和高效集聚，增强创新发展动力，加快构建高质量发展的动力系统，增强中心城市和城市群等经济发展优势区域的经济和人口承载能力，增强其他地区在保障粮食安全、生态安全、边疆安全等方面的功能，形成优势互补、高质量发展的区域经济布局。

——习近平

经过长期努力，我国统筹区域发展取得重大进展，东部地区率先发展，西部大开发、东北振兴、促进中部地区崛起等区域发展战略相继实施，京津冀协同发展、长江经济带发展、粤港澳大湾区建设、长三角区域一体化发展、黄河流域生态保护和高质量发展等区域发展重大战略高质量推进，主体功能区战略和制度逐步完善，形成了国土空间布局更加优化，东西南北中纵横联动，主体功能明显、优势互补的区域协调发展新格局。如今，960万平方公里的中华大地，东西互济，南北协同，陆海统筹，发展"差距"变追赶"势能"，单个增长极变多个动力源，宜粮则粮、宜工则工、宜商则商，气象万千。

在960万平方公里的土地上，对于一个用几十年时间走完发达国家几百年工业化历程的经济体，实现区域协调发展，绝非易事。是"头痛医头、脚痛医脚"，还是统揽全局？是各管一摊、相互掣肘，还是形成合力？在谋划推动区域协调发展时，习近平总书记曾指出，"不能'脚踩西瓜皮，滑到哪儿算哪儿'"；"不能什么都要，贪多嚼不烂，大小通吃，最后消化不良"；"各省要立足省情、抢抓机遇，在国家重大发展战略中'左右逢源'"；"自觉打破自家'一亩三分地'的思维定式，抱成团朝着顶层设计的目标一起做"。[1] 这些生动比喻，深刻揭示新时代我国区域协调发展取得的重大成就和好经验、好做法，呈现的新气象、新格局。

---

[1] 李斌等：《开辟高质量发展的光明前景——以习近平同志为核心的党中央谋划推动京津冀协同发展五周年纪实》，《人民日报》2019年2月26日。

推动区域协调发展的重大意义

从空间上看，国民经济是由区域经济构成的。区域经济发展不仅影响国民经济总量，也影响国民经济结构；不仅影响国民经济整体效率，也影响社会发展公平性；不仅影响经济社会发展，也影响人与自然关系。协调是治国理政的统筹艺术，对经济社会发展起着重要的平衡和推动作用。在我国协调发展的部署和举措中，区域协调发展是重中之重。我国庞大的人口数量、辽阔的国土面积和巨大的经济规模，决定了各地区经济、社会、科技、教育等发展水平很容易出现差距和不平衡。故此，实现区域协调发展，事关经济发展和社会稳定大局。

当今世界正经历百年未有之大变局，我国发展的国内外环境发生着前所未有的深刻变化。新一轮科技革命和产业变革深入发展，我国经济发展的空间结构正在发生深刻调整。新时代促进区域协调发展，不仅立足局部和当前，更着眼全局和长远；不仅关乎经济发展、效率提升，更牵动共同富裕、社会公平；不仅影响一时一地，更对把握新发展阶段、贯彻新发展理念、构建新发展格局、推动高质量发展具有重要意义。可以说，推动区域协调发展，在实现第二个百年奋斗目标、全面建设社会主义现代化国家过程中具有不可替代的重要作用，具有重大而深远的意义。

首先，推动区域协调发展是构建高质量发展国土空间布局的客观需要。党的十八大以来，以习近平同志为核心的党中央高度重视区域协调发展，提出了京津冀协同发展、长江经济带发展、粤港澳大湾区建设、长三角一体化发展等新的区域发展战略，编制黄河流域生态保护和高质量发展规划纲要,推动区域协调发展呈现良好态势。过去几年,高质量发展的动力源不断拓展,京津冀、粤港澳大湾区、长三角等地区引领作用不断凸显。2019年,京津冀、粤港澳大湾区和长三角地区生产总值占全国比重达43%。"十四五"时期,以高质量发展为主题,构建高质量发展的国土空间布局,不能简单要求各地在经济发展上达到同一水平,而是必须根据各地的条件,走合理分工、优化发展的路子,推动产业和人口向优势区域集中,形成几个能够带动全国高质量发展的新动力源,进而提升经济总体效率。

其次,推动区域协调发展是解决发展不平衡问题的内在要求。过去几年,区域发展协调性持续增强,中西部地区经济增速持续高于东部地区,相对差距逐步缩小。同时也要看到,我国区域发展面临一些新情况,主要是南北分化凸显,经济增速"南快北慢"、经济份额"南升北降"的态势持续,各板块内部也出现明显分化。发展动力极化现象日益突出,东部沿海发达地区创新要素快速集聚;东北地区、西北地区发展相对滞后,部分区域发展面临较大困难。但必须认识到,解决发展不平衡问题,要尊重规律、尊重实际,因地制宜、分类指导,承认客观差异,不能搞一刀切。推动区域协调发展,就是要完善空间治理,对不同地区制定差异化政策。同时,要保障民生底线,实现基本公共服务均等化、基础设施通达程度比较均衡,这是区域协调发展的基本要求。

再者,推动区域协调发展是构建新发展格局的重要途径。加快形成以国内大循环为主体、国内国际双循环相互促进的新发展格局,是党中央根据我国发展阶段、环境、条件变化作出的战略决策,是事关全局的系统性深层次变革。推动区域协调发展,就是要尊重经济规律,从构建新发展格局出发,以完善产权制度和要素市场化配置为重点,加大改革力度,破除资源流动障碍,使市场在资源配置中起决定性作用,促进人口、土地、资金、技术等各类生产要素合理流动和高效集聚。这有利于经济发展条件好的地区承载更多产业和人口,增强创新发展动力;生态功能强的地区得到有效保护,创造更多生态产品,从而促进国内大循环畅通,释放更大内需潜力,发挥国内超大规模市场优势,进而带动国内国际双循环,推动形成区域间彼此协调、国内国际双循环相互促进的整体发展新优势。

  此外,推动区域协调发展还是推进共同富裕的内在要求和重要途径。共同富裕是社会主义的本质要求,是中国式现代化的重要特征。习近平总书记指出:"共同富裕本身就是社会主义现代化的一个重要目标,要坚持以人民为中心的发展思想,尽力而为、量力而行,主动解决地区差距、城乡差距、收入差距等问题,让群众看到变化、得到实惠。"①要逐步缩小区域差距、城乡差距、收入分配差距,让欠发达地区和低收入人口共享发展成果,在现代化进程中不掉队、赶上来。同时,在新发展阶段促进区域协调发展,必须处理好效率与公平的关系,着力创造激励共同努力、共同奋斗的体制和政策环境,在推动高质量发展中逐步缩小城乡、区域发展差距,逐步实现全体人民共同富裕。

---

① 14个集中连片特困地区是指:六盘山区、秦巴山区、武陵山区、乌蒙山区、滇桂黔石漠化区、滇西边境山区、大兴安岭南麓山区、燕山—太行山区、吕梁山区、大别山区、罗霄山区和西藏、四省涉藏地区区、新疆南疆四地州。

我国仍处于并将长期处于社会主义初级阶段，区域发展任务艰巨繁重，并且面临不少困难和问题。推动区域协调发展，一方面，需要支持发达地区和中心城市进一步强化国际竞争优势，提高创新能力和水平，加快迈向全球产业链中高端，引领产业发展方向，成为我国参与国际竞争的主体区域；另一方面，需要帮助欠发达地区补短板强弱项，进一步集聚高质量发展要素，逐步融入全球产业分工体系，释放发展潜力，获得发展空间。

大力推动区域发展重大战略实施

产业和人口向优势区域集中是客观经济规律。深入实施区域发展重大战略，就是要构建全国高质量发展的新动力源，打造世界级创新平台和增长极。党的十八大以来，以习近平同志为核心的党中央高瞻远瞩、审时度势地提出了京津冀协同发展、长江经济带发展、粤港澳大湾区建设、长三角一体化发展、黄河流域生态保护和高质量发展、海南全面深化改革开放等新的区域重大发展战略。

推进京津冀协同发展，是一个巨大的系统工程。要始终把疏解北京非首都功能作为关键，优化区域经济结构和空间结构，高标准、高质量建设北京城市副中心，强化生态环境联建联防联治，促进基本公共服务共建共享，进一步提高为中央政务功能服务保障水平。建设雄安新区是千年大计，要保持历史耐心和战略定力，坚持"世界眼光、国际标准、中国特色、高点定位"的理念，尊重城市开发建设规律，合理把握开发节奏，稳扎稳打，努力将雄安新区打造成为贯彻新发展理念的创新发展示范区。

长江是中华民族的母亲河,也是中华民族发展的重要支撑。推动长江经济带发展必须从中华民族长远利益考虑,坚持共抓大保护、不搞大开发,协同推进生态保护、促进经济高质量发展,深入推进长江流域生态环境系统治理和保护修复,加快建设生态优先绿色发展先行示范区。要正确把握整体推进和重点突破、生态环境保护和经济发展、总体谋划和久久为功、破除旧动能和培育新动能、自身发展和协同发展等关系,使长江经济带成为我国生态优先绿色发展主战场、畅通国内国际双循环主动脉、引领经济高质量发展主力军。

粤港澳大湾区是在一个国家、两种制度、三个关税区、三种货币的条件下建设的,国际上没有先例。建设好大湾区,关键在创新。要大胆试、大胆闯,开出一条新路来。围绕建设国际科技创新中心战略定位,努力建设全球科技创新高地,推动新兴产业发展。要着眼于高质量发展和促进香港、澳门融入国家发展大局,着力破除粤港澳三地体制障碍,有序推动三地规则相互衔接和互利合作,推进生产要素流动和人员往来便利化,加快建设深圳中国特色社会主义先行示范区,构建与国际接轨的开放型经济新体制。

长三角地区是我国经济最活跃、开放程度最高、创新能力最强的区域之一。实施长三角一体化发展战略,要以一体化的思路和举措打破行政壁垒,提高政策协同,加强产业合作、设施共建、服务共享,实现更合理分工,凝聚更强大合力,加大科技攻关力度,狠抓生态环境突出问题整改,着力打造高质量发展样板区、科技创新和制造业研发高地、高水平开放平台。发挥人才富集、科技水平高、制造业发达、产业链供应链相对完备和市场潜力大等诸多优势，实现更合理分工，凝聚更强大的合力，促进高质量发展。

黄河流域是我国重要的生态屏障和重要的经济地带，保护黄河是事关中华民族伟大复兴和永续发展的千秋大计。要坚持生态优先、绿色发展，加大上游水源涵养、中游水土保持、下游黄河三角洲湿地保护力度，推进建设沿黄生态带。加大对黄河流域水、大气、土壤污染治理力度，推动高耗水、高污染、高风险产业布局优化和结构调整。坚持节水优先，还水于河，先上游后下游，先支流后干流，推进水资源节约集约利用。全面实施深度节水控水行动，把农业水耗降下来，推进工业节水、城市节水降损等工程。推进兰州—西宁城市群、黄河"几"字湾都市圈协同发展，强化西安、郑州国家中心城市带动作用，发挥山东半岛城市群龙头作用，推动沿黄地区形成特色鲜明的高质量发展区域布局。

海南是我国最大的经济特区，具有实施全面深化改革和试验最高水平开放政策的独特优势。支持海南逐步探索、稳步推进中国特色自由贸易港建设，分步骤、分阶段建立自由贸易港政策和制度体系，是党中央着眼国内国际两个大局，深入研究、统筹考虑、科学谋划作出的战略决策。在海南建设中国特色社会主义自由贸易港是一项全新的探索，要对接国际高水平经贸规则，促进生产要素自由便利流动，高质量高标准建设自由贸易港，把制度集成创新摆在突出位置，解放思想、大胆创新，成熟一项推出一项，行稳致远，久久为功。要充分体现中国特色和海南实际，要坚持党的领导，坚持中国特色社会主义制度，扬长避短、有所为有所不为，把牢建设海南自由贸易港的安全屏障，确保方向不偏、路子不歪、健康发展。

海洋是高质量发展的战略要地。要坚持陆海统筹，发展海洋经济，加快建设世界一流的海洋港口，推进沿海开放城市、沿海港口群、海洋经济示范区等重点开发开放区域建设。要发挥海洋优势，提升海洋价值，合理开发利用海洋资源，构建完善的现代海洋产业体系；加快海洋科技创新步伐，提高海洋开发能力，培育壮大海洋战略性新兴产业。要统筹陆海生态环境保护，促进海洋资源有序开发利用，加大对海岸带、沿海滩涂保护和开发管理力度，加强海洋环境污染防治，保护海洋生物多样性，加快建设绿色可持续的海洋生态环境。要促进海上互联互通和各领域务实合作，积极发展"蓝色伙伴关系"，打造面向"一带一路"沿线国家的蓝色经济走廊。要积极参与国际和地区海洋秩序建立和维护，着力维护和拓展国家海洋权益。

建设主体功能区是我国经济发展和生态环境保护的大战略，也是优化国土空间发展格局的基本途径。实施主体功能区战略，要坚持从实际出发，宜水则水、宜山则山，宜粮则粮、宜农则农，宜工则工、宜商则商，细化主体功能区划分。立足资源环境承载能力，发挥各地比较优势，逐步形成城市化地区、农产品主产区、生态功能区三大空间格局。支持城市化地区高效集聚经济和人口、保护基本农田和生态空间；支持农产品主产区增强农业生产能力；支持生态功能区把发展重点放到保护生态环境、提供生态产品上；支持生态功能区的人口有序转移，形成主体功能明显、优势互补、高质量发展的国土空间开发保护新格局，达到整体国土空间发展格局的均衡和最优化，以相对有限的国土空间资源支撑社会主义现代化的实现。

随着这些区域发展战略的实施，我国各区域经济总量不断攀升，经济结构持续优化，区域协调发展成效显著。当前，我国区域发展重大战略高质量推进，各地发展动能强劲、活力充足。京津冀协同发展迈出坚实步伐，从塔吊林立、热火朝天的雄安新区建设现场到水城共融、蓝绿交织、文化传承的北京城市副中心，从"轨道上的京津冀"到生态联防联控联治、产业升级转移，从协同发展体制机制日趋完善到基本公共服务均等化水平持续提高，北京非首都功能疏解有序推进，空间布局和经济结构优化提升，京畿大地涌动着活力与生机。长江经济带坚持生态优先、绿色发展的战略定位和共抓大保护、不搞大开发的战略导向，把修复长江生态环境摆在压倒性位置，推动经济社会发展全面绿色转型，力度之大、规模之广、影响之深前所未有，生态环境保护发生转折性变化，经济社会发展取得历史性成就。粤港澳大湾区建设持续推进，硬联通、软联通不断加强，与国际接轨的开放型经济新体制加速构建，三地合作更加深入广泛，大湾区综合实力显著增强。长三角区域一体化进程加快，政策协同、产业合作、设施共建、服务共享、分工合理的一体化格局逐渐成形，全国发展强劲活跃增长极、全国高质量发展样本区率先基本实现，现代化引领区、区域一体化发展示范区、新时代改革开放新高地正在形成。黄河流域生态保护和高质量发展扎实起步，生态系统修复加速，新旧动能转换成效显著，黄河流域重要生态屏障作用进一步发挥，黄河流域特色鲜明的高质量发展区域布局正在形成。海南深化改革创新取得阶段性成效，加快推进中国特色自由贸易港建设，将制度集成创新放在突出位置，高新技术产业和外资外贸领域取得较快发展。海洋经济综合实力不断提升，发展布局持续优化，海洋科技自主创新取得新突破，海洋生态环境保护进一步加强，海上开放合作不断拓展，为推进建设海洋强国奠定了坚实基础。各地既立足自身比较优势，又融入国家发展大局，呈现出既合理分工又优势互补的生动局面，为贯彻新发展理念、构建新发展格局、推动高质量发展提供了坚实支撑。下一步，要聚焦实现战略目标和提升引领带动能力，推动区域发展重大战略实施取得新的突破性进展，促进区域间融合互动、融通补充。

深入实施区域协调发展总体战略

我国区域经济发展分化态势明显，各板块内部出现明显分化，有的省份内部也有分化现象。要坚持实施区域协调发展总体战略，推进西部大开发形成新格局，推动东北振兴取得新突破，推动中部地区高质量发展，鼓励东部地区加快推进现代化，支持特殊类型地区加快发展，在发展中促进相对平衡，增强区域发展平衡性。

西部地区是陆海内外联动、东西双向互济开放格局的重要组成部分。新时代推进西部大开发，要强化举措抓重点、补短板、强弱项，形成大保护、大开放、高质量发展的新格局。西部地区要区分不同自然条件和经济发展状况，细化区域发展政策，切实提高政策精准性和有效性，促进产业和人口向优势区域集中，形成优势区域重点发展、生态功能区重点保护的新格局。加大西部地区基础设施投入，支持发展特色优势产业，集中力量巩固脱贫攻坚成果，补齐教育、医疗卫生等民生领域短板。更加注重大保护，把生态环境保护放到重要位置，坚持走生态优先、绿色发展的新路子，深入实施一批重大生态工程，开展重点区域综合治理，促进400毫米降水线西侧区域保护发展。更加注重抓好大开放，积极融入"一带一路"建设，强化开放大通道建设，构建内陆多层次开放平台，提高对外开放和外向型经济发展水平。更加注重推动高质量发展，贯彻落实新发展理念，深化供给侧结构性改革，促进西部地区经济社会发展与人口、资源、环境相协调。推进成渝地区双城经济圈建设，打造具有全国影响力的重要经济中心、科技创新中心、改革开放新高地、高品质生活宜居地，提升关中平原城市群建设水平，促进西北地区与西南地区合作互动。支持新疆建设国家"三基地一通道"[①]，支持西藏打造面向南亚开放的重要通道。

东北地区是我国重要的工业和农业基地，维护国家国防安全、粮食安全、生态安全、能源安全、产业安全的战略地位十分重要，关乎国家发展大局。新时代东北振兴，是全面振兴、全方位振兴，要瞄准方向、保持定力、扬长避短、发挥优势、重塑环境、重振雄风，形成对国家重大战略的坚强支撑。东北地区要加快现代化经济体系建设，有效整合资源，主动调整经济结构，加快发展新技术、新业态、新模式，培育新增长点，加快培育资源枯竭地区接续替代产业，发展壮大优质农业、装备制造业。加快转变政府职能，加强对领导干部的正向激励，实施更具吸引力的人才集聚措施，深化国有企业改革攻坚，弘扬优秀企业家精神，着力优化营商环境，大力发展民营经济。打造辽宁沿海经济带，建设长吉图开发开放先导区，提升哈尔滨对俄合作开

[①] 国家支持新疆建设国家大型油气生产加工和储备基地、大型煤炭煤电煤化工基地、大型风电基地、国家能源资源陆上大通道。

放能级。加快发展现代农业，打造保障国家粮食安全的"压舱石"。加大生态资源保护力度，筑牢祖国北疆生态安全屏障。改造提升装备制造等传统优势产业，培育发展新兴产业，大力发展寒地冰雪、生态旅游等特色产业，打造具有国际影响力的冰雪旅游带，形成新的均衡发展产业结构和竞争优势。

中部地区作为未来新型城镇化、新型工业化的主战场，要打造成为国家现代化经济增长的新动能区域。要紧扣高质量发展要求，贯彻新发展理念，在供给侧结构性改革上下更大功夫，在实施创新驱动发展战略、发展战略性新兴产业上下更大功夫，着力打造重要先进制造业基地、提高关键领域自主创新能力、建设内陆地区开放高地、巩固生态绿色发展格局。做大做强先进制造业，在长江、京广、陇海、京九等沿线建设一批中高端产业集群，积极承接新兴产业布局和转移。推动长江中游城市群协同发展，加快武汉、长株潭都市圈建设，打造全国重要增长极。夯实粮食生产基础，不断提高农业综合效益和竞争力，加快发展现代农业。加强生态环境共保联治，着力构筑生态安全屏障。支持淮河、汉江生态经济带上下游合作联动发展。加快对外开放通道建设，高标准高水平建设内陆地区开放平台。提升公共服务保障特别是应对公共卫生等重大突发事件能力。

东部地区是全面建设社会主义现代化国家、全面深化改革、全面依法治国的排头兵。要继续发挥改革开放先行、综合创新能力强、现代制造领先、服务业高端等优势，率先带动全国经济现代化，引领我国参与国际经济竞争。发挥创新要素集聚优势，加快在创新引领上实现突破，推动东部地区率先实现高质量发展。加快培育世界级先进制造业集群，引领新兴产业和现代服务业发展，提升要素产出效率，率先实现产业升级。更高层次参与国际经济合作和竞争，打造对外开放新优势，率先建立全方位开放型经济体系。支持深圳建设中国特色社会主义先行示范区、浦东打造社会主义现代化建设引领区、浙江高质量发展建设共同富裕示范区。深入推进山东新旧动能转换综合试验区建设。有序推进东部沿海产业向中西部地区转移，促进东中西、南北方经济协调高质量发展。

加大力度支持革命老区、民族地区、边疆地区、贫困地区等欠发达地区加快发展。革命老区是党和人民军队的根，要把革命老区建设得更好，支持革命老区利用好特色资源，在保护好生态的前提下发展特色优势产业，传承弘扬红色文化，支持赣闽粤原中央苏区高质量发展示范，推进陕甘宁、大别山、左右江、川陕、沂蒙等革命老区绿色创新发展，让老区人民过上更好生活。支持民族地区全面深化改革开放，增强自我发展能力和可持续发展能力，推动民族地区依托特色优势资源，建立健全长效普惠性的扶持机制和精准有效的差别化支持机制，补齐区域协调发展的短板，推动各民族共同走向社会主义现代化。要考虑国家安全因素，增强边疆地区发展能力，加快边境重点城镇和口岸建设，使之有一定的人口和经济支撑，推进兴边富民、稳边固边。要建设一批抵边新村，引导支持边民贴边生产和抵边居住，推动形成以城镇为中心、辐射周边边境地区的守边固边富边强边新格局。优化沿边开发开放试验区等布局，创新跨境金融等合作机制，做大做强边境城市。推进生态退化地区综合治理和生态脆弱地区保护修复，支持毕节试验区建设。推动资源型地区可持续发展示范区和转型创新试验区建设，实施采煤沉陷区综合治理和独立工矿区改造提升工程。推进老工业基地制造业竞争优势重构，建设产业转型升级示范区。改善国有林场林区基础设施。多措并举解决高海拔地区群众生产生活困难。

当前，区域协调发展呈现新格局，全国发展的协调性、平衡性日益增强。西部地区基础设施和生态环境建设取得重大进展，优势区域重点发展、生态功能区重点保护的新格局正在形成。2020年，西部地区生产总值占全国的比重较1999年提高3.1个百分点。东北地区加快建设现代化经济体系，不断推进资源枯竭型城市转型，优质农业、装备制造业发展壮大，寒地冰雪、生态旅游等特色产业蓬勃发展，老工业基地焕发新的生机，营商环境不断改善。中部地区经济总量占全国的比重进一步提升，粮食生产基地、能源原材料基地、现代装备制造及高科技产业基地和综合交通运输枢纽地位更加巩固，新型城镇化、新型工业化主战场的作用进一步发挥，国家现代化经济增长新动能区域的功能进一步凸显。东部地区继续发挥改革开放先行先试、综合创新能力强、现代制造领先、服务业高端的优势，科技创新投入持续加大，产业转型升级和新旧动能转换加快推进，战略性新兴产业快速发展，在建设自由贸易试验区、全面创新改革试验区等方面成效显著，经济社会现代化水平进一步提升，国际竞争力进一步增强。东部与中、西部人均地区生产总值比分别从2012年的1.69、1.87下降到2021年的1.53、1.68，发展协调性明显增强。坚持下好全国一盘棋，东中西和东北"四大板块"优势互补、齐头并进，陆海统筹力度加大，欠发达地区加快发展，区域发展更加平衡、更加协调，在中华大地上全面建成了小康社会，为扎实推动共同富裕奠定了坚实基础。

健全区域协调发展体制机制

推动区域协调发展向更高水平和更高质量迈进，必须建立更加有效的区域协调发展新机制。党的十八大以来，以习近平同志为核心的党中央坚持和加强党对区域协调发展工作的领导，立足发挥各地区比较优势和缩小区域发展差距，围绕努力实现基本公共服务均等化、基础设施通达程度比较均衡、人民基本生活保障水平大体相当的目标，深化改革开放，坚决破除地区之间的利益藩篱和政策壁垒，加快形成统筹有力、竞争有序、绿色协调、共享共赢的区域发展新机制。

党的十九届五中全会通过的《中共中央关于制定国民经济和社会发展第十四个五年规划和二〇三五年远景目标的建议》提出，健全区域战略统筹、市场一体化发展、区域合作互助、区际利益补偿等促进区域协调发展的机制和举措，更好促进发达地区和欠发达地区、东中西部和东北地区共同发展。

一是健全区域战略统筹机制。充分发挥好现有区域协调机制的作用，加强京津冀协同发展、长江经济带发展、粤港澳大湾区建设等重大战略的协调对接，推动国家重大战略之间融合发展，统筹解决区域发展重大问题。要提高财政、产业、土地、环保、人才等政策的区域精准性和有效性，加强政策之间的统筹联动。要统筹发达地区和欠发达地区发展，坚持"输血"和"造血"相结合，推动欠发达地区加快发展，建立发达地区与欠发达地区联动机制，促进先富带后富。

二是健全市场一体化发展机制。形成全国统一开放、竞争有序的商品和要素市场，是促进区域协调发展的重要举措。要消除歧视性、隐蔽性的区域市场壁垒，打破行政性垄断，坚决破除地方保护主义。要深化户籍制度改革，全面放宽城市落户条件，打破阻碍劳动力流动的不合理壁垒，促进人力资源优化配置。加快实现城镇基本公共服务常住人口全覆盖，推动户籍还原人口登记功能。要深化土地管理制度改革，增强土地管理的灵活性，建立跨区域土地指标交易机制，探索不同形式的定价模式和交易方式，推动增量和存量用地合理流转。促进资本跨区域有序自由流动，完善区域性股权市场。加强跨区域创新协同发展，搭建共享服务平台，构建跨区域知识产权交易市场。

　　三是健全区域合作互助机制。提升区域合作层次和水平，深化区域间基础设施、环保、产业等方面的合作。完善区域合作与利益调节机制，支持流域上下游、粮食主产区主销区、资源输出地输入地之间开展多种形式的利益补偿，鼓励探索共建园区、"飞地经济"等利益共享模式。支持省际交界地区探索建立统一规划、统一管理、合作共建、利益共享的合作新机制。加强城市群内部城市间的紧密合作，积极探索建立城市群协调治理模式。构建流域基础设施体系，严格流域环境准入标准，加强流域生态环境共建共治，推动上下游地区协调发展。聚焦铸牢中华民族共同体意识，加大对民族地区发展支持力度，全面深入持久开展民族团结进步宣传教育和创建工作，促进各民族交往交流交融。深入开展对口支援，推动新疆、西藏等地区经济社会持续健康发展。进一步深化东部发达省市与东北地区对口合作，建设一批对口合作重点园区。

　　四是健全区际利益补偿机制。要加快形成受益者付费、保护者得到合理补偿的良性局面，充分调动重点生态功能区、农产品主产区加强生态保护和环境治理、提高农业综合生产率和农产品质量的积极性。建立健全市场化、多元化横向生态补偿，在长江流域开展生态产品价值实现机制试点。鼓励流域上下游之间通过资金补偿、项目补偿、对口支援、基本公共服务共享等多种形式建立横向补偿关系。加快生态补偿立法，明确流域上游对下游、生态保护地区对受益地区的法定责任，将森林、草原、湿地、水流等纳入生态补偿重点领域。

五是逐步实现区域间基本公共服务均等化。包括基本医疗、基础教育、基本养老等在内的基本公共服务均等化，既是增进低收入者福祉、促进发展成果共享、维护社会公平正义、保持经济社会稳定的重要手段，也是提升欠发达地区人力资源水平、发展能力和营商环境，促进公平竞争和高质量发展的重要途径。党中央一直高度重视推进基本公共服务均等化，为此作出了不懈努力，取得了显著成效。同时应看到，我国城乡、区域间基本公共服务水平差异较大问题仍然比较突出，均等化任务依然十分艰巨。此外，在不少地方，以户籍作为社会救助、住房保障等基本公共服务享有条件的制度安排仍未彻底打破，流动人口同等享有基本公共服务尚未完全实现。

"十四五"规划和2035年远景目标纲要提出，"十四五"时期"基本公共服务均等化水平明显提高"，2035年"基本公共服务实现均等化"。实现这一目标，要完善转移支付制度，深入推进财政事权和支出责任划分改革，逐步建立起权责清晰、财力协调、标准合理、保障有力的基本公共服务制度体系和保障机制。加大对欠发达地区的财力支持，完善财政转移支付支持欠发达地区的机制，增加对重点生态功能区、农产品主产区、困难地区的转移支付，增强基本公共服务保障能力。提高基本公共服务统筹层次，加快实现养老保险全国统筹。推动区域间基本公共服务衔接，加快建立医疗卫生、劳动就业等基本公共服务跨区域流转衔接制度。基本公共服务要同常住人口挂钩，由常住地供给。要运用信息化手段建设便捷高效的公共服务平台，方便全国范围内人员流动，引导人才向西部和艰苦边远地区流动。鼓励有条件的地区积极探索基本公共服务跨地区流转衔接具体做法，加快形成可复制可推广的经验。

当前，我国在建立区域战略统筹机制、基本公共服务均等化机制、区域政策调控机制、区域发展保障机制等方面取得突破，在完善市场一体化发展机制、深化区域合作机制、优化区域互助机制、健全区际利益补偿机制等方面取得新进展，区域协调发展新机制在有效遏制区域分化、规范区域开发秩序、推动区域一体化发展中发挥积极作用。

推动区域协调发展需要把握的原则

做好区域协调发展大文章，总的思路是按照客观经济规律调整完善区域政策体系，发挥各地区比较优势，促进各类要素合理流动和高效集聚，增强创新发展动力，加快构建高质量发展的动力系统，增强中心城市和城市群等经济发展优势区域的经济和人口承载能力，增强其他地区在保障粮食安全、生态安全、边疆安全等方面的功能，形成主体功能明显、优势互补、高质量发展的区域经济布局。这一思路，适应了我国经济进入高质量发展阶段对区域协调发展提出的新要求。习近平总书记强调："不能简单要求各地区在经济发展上达到同一水平，而是要根据各地区的条件，走合理分工、优化发展的路子。"①要尊重客观规律、发挥比较优势、完善空间治理、保障民生底线，推动形成能够带动全国高质量发展的新动力源，促进区域协调发展。

第一，要尊重客观规律。我国幅员辽阔、人口众多，不仅省（区、市）之间差异较大，而且很多省（区、市）内部各地市的差异也较大。产业和人口向优势区域集中，形成以城市群为主要形态的增长动力源，进而带动经济总体效率提升，这是经济规律。推动区域协调发展，不能将一种战略施诸全国各地。在实践中，我国逐步形成了多层次、多对象、多目的的区域发展战略和政策体系，包括区域发展总体战略、区域发展重大战略以及各种功能区、特区和实验区政策等。要破除资源流动障碍，使市场在资源配置中起决定性作用，促进各类生产要素自由流动并向优势地区集中，提高资源配置效率。北京、上海等特大城市要根据资源条件和功能定位合理管控人口规模。协同实施国家各项区域发展战略和政策，使它们的作用相互加强而不是相互抵消，是促进区域协调发展的必然要求。

第二，发挥比较优势。推动好一个庞大集合体的发展，一定要处理好自身发展和协同发展的关系，按照客观经济规律调整完善区域政策体系，发挥各地区比较优势。经济发展条件好的地区要承载更多产业和人口，发挥价值创造作用。生态功能强的地区要得到有效保护，创造更多生态产品。要考虑国家安全因素，增强边疆地区发展能力，

---

① 习近平：《论把握新发展阶段、贯彻新发展理念、构建新发展格局》，人民出版社2021年版，第325页。

使之有一定的人口和经济支撑，以促进民族团结和边疆稳定。党的十八大以来，以习近平同志为核心的党中央始终依据"要根据各地区的条件，走合理分工、优化发展的路子"来谋划部署区域重大战略。比如，以疏解北京非首都功能为"牛鼻子"推动京津冀协同发展，打造我国自主创新的重要源头和原始创新的主要策源地；"共抓大保护，不搞大开发"，依托长江黄金水道推动长江上中下游地区协调发展和沿江地区高质量发展；"大胆闯、大胆试，开出一条新路来"，积极作为深入推进粤港澳大湾区建设；"紧扣一体化和高质量两个关键词"，实施长三角一体化发展战略；"共同抓好大保护，协同推进大治理"，让黄河成为造福人民的幸福河等。正是这一系列的重大部署，引领各个区域打破自家"一亩三分地"的思维定式，找准定位、发挥优势、良性互动，一个个增长极、一块块新高地、一处处示范区，为推动经济高质量发展不断注入新活力。

第三，完善空间治理。要完善和落实主体功能区战略，细化主体功能区划分，按照主体功能定位划分政策单元，对重点开发地区、生态脆弱地区、能源资源地区等制定差异化政策，分类精准施策，推动形成主体功能约束有效、国土开发有序的空间发展格局。要进一步加大对各类特殊问题区域的支持，既做好锦上添花、培育增长极的事情，更做好雪中送炭、增强欠发达地区发展能力的事情。我国幅员辽阔，各地情况千差万别，加上主导产业更替和要素特别是人口流动，会出现不同类型的特殊问题区域，包括资源枯竭型地区、老工业基地、原深度贫困地区、生态脆弱地区等。这些区域有的过去为国家发展作出了重大贡献，有的是服从国家生态环境保护大局而被列为禁止或限制开发的区域。促进这些区域发展，既是提高发展公平性的内在要求，也是推动高质量发展的内在需要。通过一定时期的帮扶、导入新的生产要素，可以充分激发这些区域发展的内生动力，推动解决发展不平衡不充分问题。

第四，保障民生底线。区域协调发展的基本要求是实现基本公共服务均等化，基础设施通达程度比较均衡。进一步加大对欠发达地区基础设施尤其是交通、水利等基础设施的投资支持力度。加大对发展滞后地区尤其是中西部和东北边远地区的基础设施投资支持，既能提高发展的公平性，让欠发达地区共享发展成果，进一步提高欠发达地区人民群众生活质量，又能提高效率，为要素跨地区流动、欠发达地区特色产品和资源对接大市场提供便利，增强欠发达地区发展的内生动力。改革开放以来，随着我国发展水平提升，特别是西部大开发、中部崛起和东北振兴等区域协调发展战略的实施，国家对欠发达地区基础设施投资保持了较大的支持力度，欠发达地区交通等基础设施状况得到明显改善。但也应看到，与人民群众的期待相比，与促进区域协调发展、推动高质量发展的需求相比，基础设施提升和改善空间仍然很大。要完善土地、户籍、转移支付等配套政策，提高城市群承载能力，促进迁移人口稳定落户。促进迁移人口落户要克服形式主义，真抓实干，保证迁得出、落得下。要确保承担安全、生态等战略功能的区域基本公共服务均等化。

"不谋万世者，不足谋一时；不谋全局者，不足谋一域。"随着区域协调发展战略深入推进，一幅各地分工合理、优势互补、相得益彰的壮美画卷正在神州大地徐徐展开。如今，在中国的版图上，有一条条线，也有一个个圈。两条母亲河，长江经济带发展、黄河流域生态保护和高质量发展齐头并进；三大城市群，京津冀、粤港澳大湾区、长三角日新月异，加快打造引领高质量发展的第一梯队；四大经济区，西部大开发、东北全面振兴、中部地区崛起、东部率先发展蹄疾步稳，联通东中西，协调南北方。一系列重大区域发展战略实施推进，激荡着一个百舸争流千帆竞发的活力中国，预示着一个蒸蒸日上未来可期的潜力中国。

党的二十大报告提出，要深入实施区域协调发展战略、区域重大战略、主体功能区战略、新型城镇化战略，优化重大生产力布局，构建优势互补、高质量发展的区域经济布局和国土空间体系。这些大战略是我们国家发展的重要引擎，一个个引擎都加快转动起来，中国经济持续健康发展就势不可挡。今天，协调发展的理念日益深入人心。面向未来，我们仍须攻坚克难、补齐短板，推动区域协调发展绽放新光彩，着力在发展中促进相对平衡。踏上新征程，在以习近平同志为核心的党中央坚强领导下，紧紧围绕党的二十大报告明确的目标要求和任务导向，全面落实区域协调发展战略各项任务，抱成团朝着顶层设计的目标一起做，我们就一定能够发挥各地优势、实现协调发展、形成整体合力，全面建成社会主义现代化强国，实现中华民族伟大复兴的中国梦。

主要参考文献

《习近平谈治国理政》第一、二、三、四卷，外文出版社 2018 年、2017 年、2020 年、2022 年版。

《论把握新发展阶段、贯彻新发展理念、构建新发展格局》，中央文献出版社 2021 年版。

《论坚持人民当家作主》，中央文献出版社 2021 年版。

《论坚持人与自然和谐共生》，中央文献出版社 2022 年版。

《习近平新时代中国特色社会主义思想学习问答》，学习出版社、人民出版社出版 2021 年版。

《治国理政新实践：习近平总书记重要活动通讯选》（一、二），新华出版社 2019 年版。

《习近平关于社会主义经济建设论述摘编》，中央文献出版社 2017 年版。

《十八大以来重要文献选编》（上）（中）（下），中央文献出版社 2014 年、2016 年、2018 年版。

《十九大以来重要文献选编》（上）（中），中央文献出版社 2019 年、2021 年版。

《中华人民共和国国民经济和社会发展第十四个五年规划和 2035 年远景目标纲要》，人民出版社 2021 年版。

《中国共产党一百年大事记（1921 年 7 月—2021 年 6 月）》，

人民出版社 2021 年版。

《中国共产党的一百年》，中共党史出版社 2022 年版。

《十三届全国人大五次会议〈政府工作报告〉辅导读本》，人民出版社、中国言实出版社 2022 年版。

《宣示改革开放的坚定决心——习近平考察广东纪实》，《商周刊》2012 年第 26 期。

《美丽篇章藉春风——习近平总书记考察海南纪实》，《海南人大》2013 年第 5 期。

《京津冀协同发展领导小组办公室负责人就京津冀协同发展有关问题答记者问》，《人民日报》2015 年 8 月 24 日。

《中共中央关于制定国民经济和社会发展第十三个五年规划的建议（二〇一五年十月二十九日中国共产党第十八届中央委员会第五次全体会议通过）》，《人民日报》2015 年 11 月 4 日。

《关于加大脱贫攻坚力度支持革命老区开发建设的指导意见》，《人民日报》2016 年 2 月 2 日。

《贫困县占全国总数近一半 老区如何实现脱贫致富梦》，《人民日报》2016 年 2 月 2 日。

《古老母亲河谱写新篇章——党的十八大以来我国推进长江经济带绿色发展建设纪实》，《人民日报》2016 年 2 月 18 日。

《打造中国经济新增长极——党的十八大以来推进三大战略述评》，《人民日报》2016 年 2 月 21 日。

《中共中央国务院关于全面振兴东北地区等老工业基地的若干意见》，《人民日报》2016 年 4 月 27 日。

《开创区域协调发展新局面》，《人民日报》2016年8月5日。

《长江经济带将打造三大增长极——推动长江经济带发展领导小组办公室负责人答记者问》，《人民日报》2016年9月12日。

《站在时代的潮头，筑造历史性工程——以习近平同志为核心的党中央谋划指导京津冀协同发展三周年纪实》，《人民日报》2017年2月27日。

《十八大以来我国区域战略的创新发展》，《人民日报》2017年6月14日。

《"香港发展一直牵动着我的心"——习近平主席视察香港特别行政区纪实》，《人民日报》2017年7月2日。

《谱写美丽中国的海南篇章——以习近平同志为核心的党中央关心海南发展纪实》，《人民日报》2018年4月13日。

《奋进新时代　建设雄安城——以习近平同志为核心的党中央谋划指导〈河北雄安新区规划纲要〉编制纪实》，《人民日报》2018年4月27日。

《为了一江清水浩荡东流——习近平总书记调研深入推动长江经济带发展并主持召开座谈会纪实》，《人民日报》2018年4月28日。

《奋力书写东北振兴的时代新篇——习近平总书记调研东北三省并主持召开深入推进东北振兴座谈会纪实》，《人民日报》2018年9月30日。

《一桥越沧海——写在港珠澳大桥开通之际》，《人民日报》2018年10月24日。

《一项历史性工程——习近平总书记调研京津冀协同发展并主持

召开座谈会纪实》,《人民日报》2019年1月20日。

《粤港澳大湾区发展规划纲要》,《人民日报》2019年2月19日。

《着眼发展大局,共享时代荣光——以习近平同志为核心的党中央关心粤港澳大湾区建设纪实》,《人民日报》2019年2月22日。

《开辟高质量发展的光明前景——以习近平同志为核心的党中央谋划推动京津冀协同发展五周年纪实》,《人民日报》2019年2月26日。

《习近平总书记江西考察并主持召开座谈会微镜头》,《人民日报》2019年5月23日。

《以优化营商环境为基础 以深化改革为动力 东北全面振兴正夯基》,《人民日报》2019年11月20日。

《下好先手棋,开创发展新局面——记习近平总书记在安徽考察》,《人民日报》2020年8月24日。

《开创富民兴陇新局面——习近平总书记甘肃考察纪实》,《人民日报》2019年8月24日。

《创作新时代的黄河大合唱——记习近平总书记考察调研并主持召开黄河流域生态保护和高质量发展座谈会》,《人民日报》2019年9月20日。

《长江三角洲区域一体化发展规划纲要》,《人民日报》2019年12月2日。

《中共中央国务院关于新时代推进西部大开发形成新格局的指导意见》,《人民日报》2020年5月18日。

《海南自由贸易港建设总体方案》,《人民日报》2020年6月2日。

《在海南建设中国特色自由贸易港 引领更高层次更高水平开放型经济发展》,《人民日报》2020年6月2日。

《万里长江绘宏图——习近平总书记沪苏纪行》,《人民日报》2020年11月16日。

《必须把发展质量问题摆在更为突出的位置——习近平总书记关于推动高质量发展重要论述综述》,《人民日报》2020年12月17日。

《牢牢把握北京非首都功能疏解"牛鼻子" 努力推动京津冀协同发展迈上新台阶取得新成效》,《人民日报》2021年3月12日。

《让绿水青山造福人民泽被子孙——习近平总书记关于生态文明建设重要论述综述》,《人民日报》2021年6月3日。

《中共中央国务院关于支持浙江高质量发展建设共同富裕示范区的意见(2021年5月20日)》,《人民日报》2021年6月11日。

《"让孩子们都生活在良好的生态环境之中"——习近平抓生态保护的故事》,《人民日报》2021年7月11日。

《中共中央国务院关于支持浦东新区高水平改革开放打造社会主义现代化建设引领区的意见(二〇二一年四月二十三日)》,《人民日报》2021年7月16日。

《中共中央国务院关于新时代推动中部地区高质量发展的意见(二〇二一年四月二十三日)》,《人民日报》2021年7月23日。

《奋力开创中部地区高质量发展新局面——国家发展改革委地区经济司负责人答记者问》,《人民日报》2021年7月23日。

《横琴粤澳深度合作区建设总体方案》,《人民日报》2021年9月6日。

《全面深化前海深港现代服务业合作区改革开放方案》,《人民日报》2021年9月7日。

《风好再扬帆——以习近平同志为核心的党中央关心前海深港现代服务业合作区建设纪实》,《人民日报》2021年9月12日。

《中国的全面小康(2021年9月)》,《人民日报》2021年9月29日。

《推进新时代东北全面振兴》,《人民日报》2021年10月8日。

《黄河流域生态保护和高质量发展规划纲要》,《人民日报》2021年10月9日。

《"下更大气力推动京津冀协同发展取得新的更大进展"》,《人民日报》2021年10月20日。

《书写新时代区域协调发展新篇章》,《人民日报》2021年10月20日。

《"推动长三角一体化发展不断取得成效"》,《人民日报》2021年10月23日。

《大河奔涌,奏响新时代澎湃乐章——习近平总书记考察黄河入海口并主持召开深入推动黄河流域生态保护和高质量发展座谈会纪实》,《人民日报》2021年10月24日。

《"强化举措推进西部大开发新成新格局"》,《人民日报》2021年10月25日。

《再闯新路看西部 接续奋斗开新局——习近平总书记谋划推动西部大开发谱写新篇章》,《四川日报》2021年10月25日。

《"中部地区这个'脊梁'要更硬一点"》,《人民日报》2021

年 10 月 27 日。

《"创新引领率先实现东部地区优化发展"》,《人民日报》2021 年 10 月 28 日。

《"时与势在我们一边"——以习近平同志为核心的党中央推动增进中国经济发展新优势述评》,《人民日报》2021 年 11 月 2 日。

《形成优势互补、高质量发展的区域经济布局——以习近平同志为核心的党中央推进区域协调发展述评》,《人民日报》2021 年 11 月 5 日。

《打造我国发展强劲活跃增长极——以习近平同志为核心的党中央谋划推动长三角一体化发展纪实》,《人民日报》2021 年 11 月 5 日。

《推动我国区域协调发展呈现新气象新格局》,《人民日报》2021 年 11 月 5 日。

《进一步促进区域协调发展》,《人民日报》2021 年 11 月 17 日。

《从"协"字看发展方式之变——习近平经济思想的生动实践述评之四》,《人民日报》2021 年 12 月 8 日。

《加快建设中国特色自由贸易港》,《人民日报》2022 年 4 月 28 日。

《"探索试验蹚出来一条路子"——记习近平总书记赴海南考察调研》,《人民日报》2022 年 4 月 15 日。

《国务院关于支持北京城市副中心高质量发展的意见》,中国政府网。

《河北雄安新区规划纲要》,"中国雄安"官网。

图书在版编目(CIP)数据

大战略:新时代区域协调发展之路/刘贵军编著.——北京:商务印书馆,2023
ISBN 978-7-100-22006-4

Ⅰ.①大… Ⅱ.①刘… Ⅲ.①区域经济发展—协调发展—研究—中国 Ⅳ.①F127

中国国家版本馆 CIP 数据核字(2023)第 026613 号

权利保留,侵权必究。

大战略:新时代区域协调发展之路
刘贵军 编著

商 务 印 书 馆 出 版
(北京王府井大街 36 号 邮政编码 100710)
商 务 印 书 馆 发 行
玖龙(天津)印刷有限公司
ISBN 978-7-100-22006-4

2023 年 3 月第 1 版 开本 710×1000 1/16
2023 年 3 月第 1 次印刷 印张 17
定价:79.00 元

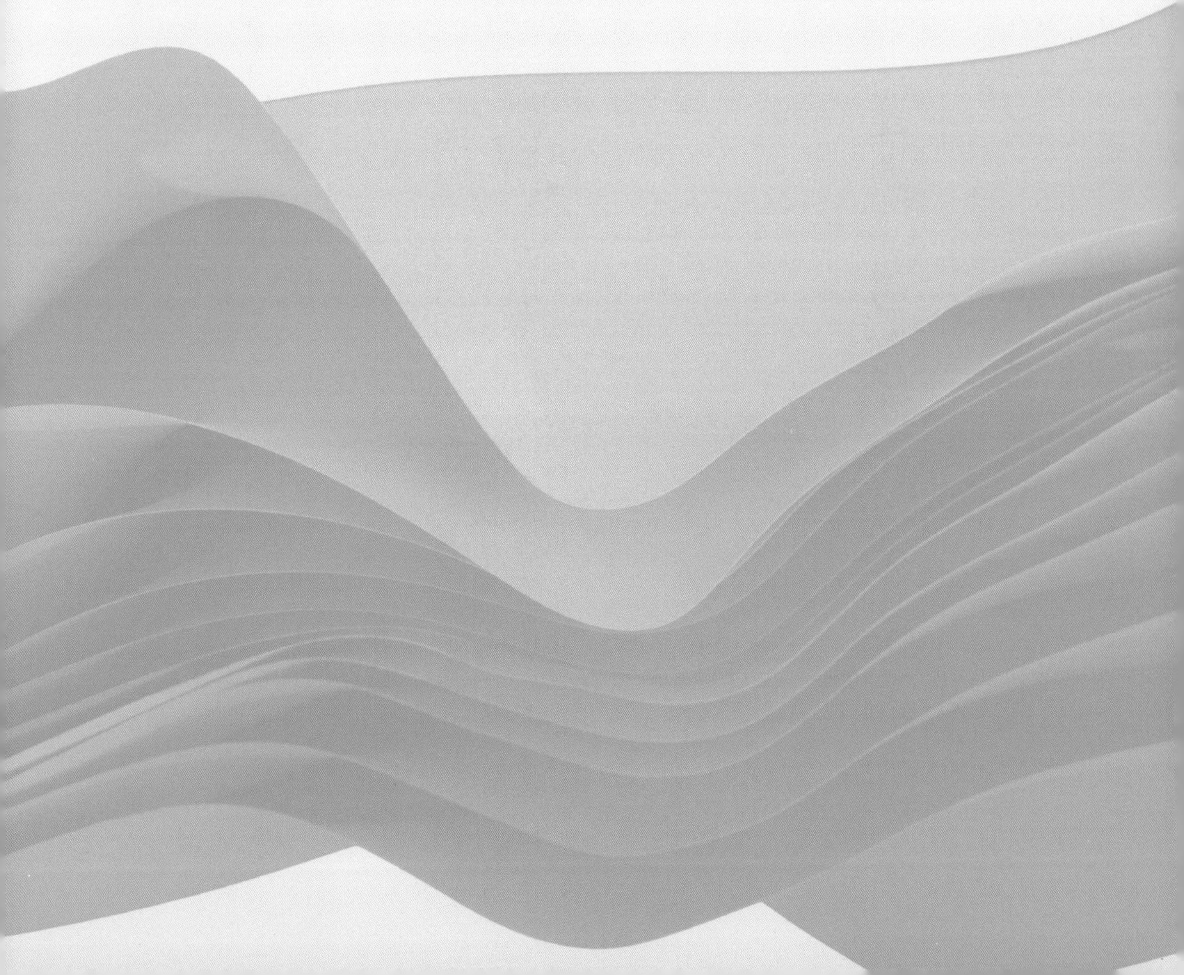

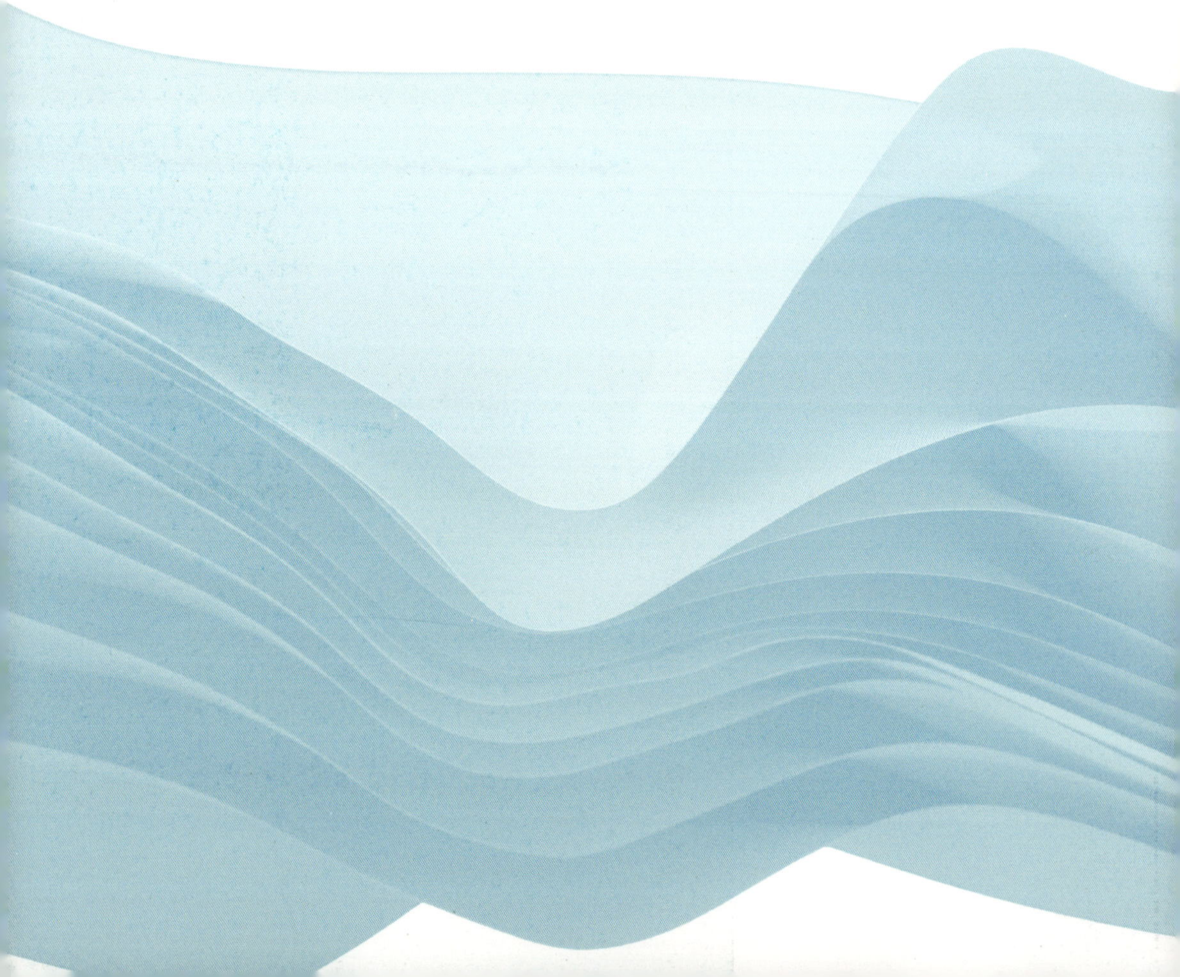